管理教材译丛

INTERNATIONAL CASES OF CORPORATE GOVERNANCE

公司治理

国际案例的视角

[英]　**陈靖涵**　◎著 /译
（Jean Jinghan Chen）
英国肯特大学

机械工业出版社
CHINA MACHINE PRESS

本书共分为 14 章，以国际化的视角，详细阐述了发生在美国、日本、中国等多个国家的众多行业中的公司治理相关案例，通过审视和分析这些案例，就当前存在的公司治理问题提出了深刻见解。本书中的案例不仅旨在呈现涉及公司治理的真实事件，以提升读者的代入感，还旨在增进读者对不同情境中"良好公司治理"的理解。书中的案例研究揭示了公司丑闻时有发生的原因，这些丑闻在多大程度上属于公司治理的失败，以及未来应如何改善公司治理水平及改善参与公司治理和企业道德文化建设的人员的行为。

本书适合工商管理专业高年级本科生和研究生，以及 MBA/EMBA 学员作为教材使用，也可供企业高层管理者阅读参考。

图书在版编目（CIP）数据

公司治理：国际案例的视角 /（英）陈靖涵著、译.
北京：机械工业出版社，2024. 12. --（管理教材译丛）.
ISBN 978-7-111-77626-0
Ⅰ. F276.6
中国国家版本馆 CIP 数据核字第 2025EV8879 号

机械工业出版社（北京市百万庄大街 22 号　邮政编码 100037）
策划编辑：吴亚军　　　　　　　　　责任编辑：吴亚军　章承林
责任校对：任婷婷　王小童　景　飞　责任印制：单爱军
保定市中画美凯印刷有限公司印刷
2025 年 4 月第 1 版第 1 次印刷
185mm×260mm · 11 印张 · 196 千字
标准书号：ISBN 978-7-111-77626-0
定价：79.00 元

电话服务　　　　　　网络服务
客服电话：010-88361066　机　工　官　网：www.cmpbook.com
　　　　　010-88379833　机　工　官　博：weibo.com/cmp1952
　　　　　010-68326294　金　书　网：www.golden-book.com
封底无防伪标均为盗版　机工教育服务网：www.cmpedu.com

推荐语

本书汇编了公司治理案例研究，可为涵盖公司治理、商业道德和企业社会责任主题的现有课程或模块提供有益补充。现有的几本较为完善的公司治理教材均包含了一些案例，但据我所知，除了2006年出版的马林（Mallin）案例汇编集之外，本书是最早的独立案例汇编集之一。在公司治理比较研究领域，我们许多人都构建了自己的概念框架，并在这些框架内描述与解释公司治理行为和结果。本书为讲师提供了相当多的自由发挥空间，讲师可围绕自己的个人观点来搭建框架。此外，在书价飞涨的今天，学生应该从一本内容全面的教材中充分汲取知识。我尤其欣赏的一点是，这些案例都相对较新——本书汇编的案例研究全部都是近年的。鉴于过去十年的全球经济动荡和去全球化趋势，本书非常适时。我欣赏的另一点是，不同于此前的教材和案例研究偏重西方企业的事实，本书的案例涵盖了广泛的地理区域。最后，本书的案例范围之广令人印象深刻，从处理会计丑闻到所有权和控制权冲突，再到商业道德和企业社会责任相关挑战，均有论及。如果您正在寻找有关比较公司治理的适时案例汇编集，那么本书应该很符合您的需求。

——威廉·Q. 贾奇（William Q. Judge），美国欧道明大学教授，国际公司治理学者学会会长

陈教授的新书《公司治理：国际案例的视角》出版之时，恰逢这些新挑战仍在定义新的商业格局。行业期望公司对其利益相关者更加透明、负责。本书不仅为我们带来真知灼见，让我们了解公司丑闻的始末及缘由，而且深度剖析了公司治理再三失败的问题，并为补救方案提供了切实可行的指导。本书提供的批判性思维发人深省，能够引发强烈共鸣，从业者和决策者定能从中获益良多。

——邹晴，美国史丹利百得公司副总裁

前　言

在过去的 30 年里，公司治理案例及其衍生影响一直为公众所关注。但是，尽管公司治理失败获得了极大的关注，由于公司治理不善，公司丑闻仍在不断发生。可以说，现实世界中根本不存在放之四海而皆准的公司治理方法。这使得公司治理成为一个引人入胜的研究领域。因此，在加深对不同情况下公司治理问题的理解方面，紧跟时代步伐的案例研究发挥着重要作用。案例研究还有助于社会科学家构建理论和假设，然后据此开展更严谨的科学探究。

本书旨在通过审视 12 个存在公司治理问题的国际案例，就当前存在的公司治理问题提供见解。本书中的案例不仅旨在呈现涉及公司治理的真实事件，以提升读者的代入感，还旨在增进读者对不同情境中"良好公司治理"的理解，尽管我们并不总能得出非黑即白的答案。这些案例研究还试图揭示持续发生公司丑闻的原因，这些丑闻在多大程度上属于公司治理的失败，以及未来应如何改善公司治理水平及改善参与公司治理和企业道德文化建设的人员的行为。

授课教师可以本书为材料，鼓励大家在研讨会和课堂上讨论案例研究中提出的各种问题。我希望这些案例能激发业内人士的兴趣，并促使大家讨论公司治理失败或不完善的原因。

陈靖涵

致　谢

我要感谢所有鼓励和支持我写这本书的人。

首先，我要感谢吕辉廉、宋佩阳、陈心弦、黄柃屿、陈世强和杨玲，他们为案例的数据收集和准备提供了出色的研究支持。

我还要感谢 Palgrave Macmillan 出版社为这本书的顺利出版做出的贡献。

衷心感谢一直支持我的家人和朋友。我要特别感谢我的夫君孙智立教授，他一直是我职业生涯和家庭生活的力量源泉。感谢他始终给予我爱、耐心和奉献。

目　录

第 1 章

引　言

　　过去 20 余年里，特别是自 2001 年安然公司倒闭以及 2008 年全球金融危机期间各个国家和地区的许多公司深陷财务困境以来，公司治理迅速成为热点问题，尤其是在美国和英国。这些公司倒闭对投资者产生了不利影响，并对破产公司的经营地乃至国际社会产生了经济冲击。导致这些公司倒闭的原因有哪些？可以采取哪些措施来防止此类倒闭再次发生？要如何重塑投资者的信心？这些问题的答案都与公司治理息息相关。有效的公司治理可以防止此类事件再次发生，并通过改善公司的责任制度和实施负责且高效的管理来重塑投资者的信心。

　　公司治理的发展已引起政府、非营利组织、企业界和学术界的关注。在过去 20 年里，由各个国家和地区的政府及国际非政府组织制定的各种公司治理准则和原则陆续问世，例如《卡德伯利报告》（卡德伯利爵士，1992 年）和《萨班斯－奥克斯利法案》（2002 年），以及经济合作与发展组织（OECD）（OECD，1999 年、2009 年、2015 年）和国际公司治理网络（ICGN）（ICGN，2008 年、2009 年、2010 年）合作制定的《OECD 公司治理原则》。不同国家和地区的监管机构，如英国金融行为监管局（FCA）、审慎监管局（PRA）[一]和财务报告委员会（FRC），美国的证券交易委员会

　　[一]　英国金融行为监管局和审慎监管局于 2013 年取代金融服务监管局（FSA）。

（SEC）和上市公司会计监督委员会（PCAOB）以及中国的中国证券监督管理委员会（CSRC），均已显著改进了对各自国家和地区证券市场的监测和监管，并实施了更严格的上市要求，特别是自 2008 年全球金融危机以来。其目的是强化外部公司治理机制，从而提高其有效性。学术界也建立了公司治理理论，相关理论主要有代理理论、交易成本经济学、利益相关者理论和管家理论。许多研究也已经登上顶级会计、金融和管理期刊，旨在改进当前的理论或针对公司治理对公司运营和股票市场的影响提供实验性证据。

虽然公司治理引起了高度重视，但由于公司治理基础薄弱，公司丑闻仍层出不穷，特别是与所有权结构、透明度和披露、控制和责任制度有关的丑闻。此外，还有人认为应建立最适合的董事会结构形式，以防止未来发生此类丑闻。对所有公司而言，无论规模大小，无论是私营公司还是上市公司，稳健的公司治理机制都非常重要。如上所述，过去 20 余年里发生了大型公司倒闭事件，例如 20 世纪 90 年代的巴林银行和波力派克，21 世纪 00 年代初的安然、世通和帕玛拉特，21 世纪 00 年代末的雷曼兄弟、北岩银行和美国国际集团（AIG）（特别是在 2008 年全球金融危机期间和之后），以及 21 世纪 10 年代的奥林巴斯、国美、乐购、大众汽车和 Carillion。这表明，大多数国家和地区的公司治理指导原则和监管框架及机构提供的是一种希望能放之四海而皆准的方法，而这是无效的。这种方法可能会促进善治，但不能保证公司的治理机制将有效地发挥作用，并防止管理不善。本书介绍了 12 个国际公司治理相关案例，包括 5 个欧洲的案例、1 个美国的案例、1 个澳大利亚的案例、1 个日本的案例和 4 个中国的案例。案例覆盖广泛的行业，既有上市公司，也有私营（家族）公司。所研究的大多数案例都出现过公司治理机制的问题，但并非所有公司都以倒闭告终。本书有 3 个主要目标：第一，力求深度剖析公司治理反复失败的原因；第二，旨在为补救公司治理失败提供切实可行的指导；第三，意在为进一步的理论和实证研究提供新的指导性意见。

本书分为 14 章，本章对全书进行了介绍，随后是 12 个案例研究（第 2 ～ 13章），最后一章（第 14 章）是各项结论的综合。

第 2 章讨论的是 Carillion 的案例。Carillion 是一家英国跨国设施管理和建筑服务公司。其设施管理服务包括医院维护和清洁服务、工程设计和项目管理服务等领域。其建设活动涵盖广泛的领域，包括医疗保健（如新的医院）、教育、（中央和地方）政府、防务和商业。由于无力偿还债务，Carillion 深陷财务危机，于 2018 年 1

月 15 日申请破产，导致数百个项目停摆，数千名私营企业员工面临失业和无养老金的风险。多个利益相关群体受到 Carillion 倒闭的严重影响，包括：现任和前任员工（其养老金计划也大受影响）；分包商，包括小型公司；其他债权人；其建筑物的使用人员，例如等待在新的医院接受治疗的患者，而这些医院的竣工却遥遥无期。

第 3 章讨论的是乐购因假账引发的问题。2017 年，总部位于英格兰的英国跨国杂货和零售巨头乐购承认自己将 2014 年的利润虚报了 3.26 亿英镑。这一财务舞弊行为在各行各业引发强烈冲击，导致乐购的股票和债券市值立即下跌，损失金额估计达 20 亿英镑。事实表明，乐购的公司治理失败是引发其会计丑闻的关键因素之一。

第 4 章讨论的是大众汽车的不道德行为。大众汽车是世界领先的汽车制造商之一，也是欧洲最大的汽车制造商。2015 年 9 月，国际清洁交通委员会（ICCT）、加利福尼亚空气资源局（CARB）和美国环境保护局（EPA）曝光大众汽车长期违反职业道德，其管理团队实施非法污染行为。大众汽车同意对关于排放问题的指控认罪，并支付 43 亿美元的罚款；6 名大众汽车高管于 2017 年 1 月 11 日被提起指控。这一丑闻暴露了大众汽车双层制董事会结构的监督和管控不力，以及该公司缺乏道德文化、环境意识和企业社会责任（CSR）。大众汽车这起丑闻震惊了整个汽车行业，其不道德行为也损害了自身的全球品牌形象。

第 5 章讨论的是德国金融科技巨头 Wirecard 的财务丑闻。Wirecard 于 2020 年 6 月申请破产，在此之前，该公司自曝其资产负债表上 19 亿欧元现金不翼而飞。在历经十多年的谎言和系统性欺诈后，其高级管理层终于在 2020 年因此事被捕。Wirecard 的首席执行官（CEO）Markus Braun 于 2020 年 6 月 19 日宣布辞职，并于 6 月 23 日因涉嫌伪造账目和操纵市场而被捕。该公司的首席运营官（COO）Jan Marsalek 失踪了，目前仍然是德国警方通缉的逃犯。机构投资者和银团贷款方都遭受了巨大损失，人们对金融科技投资的信心受到重创。媒体将 Wirecard 丑闻称为"德国安然"。

第 6 章研究的是 Stora Enso 的战略决策制定与 CSR 实践之间的关系。Stora Enso 公司总部位于芬兰赫尔辛基，成立于 1998 年，由瑞典采矿和林业产品公司 Stora AB 和芬兰林业产品公司 Enso Oyj 合并而成。Stora Enso 是一家领先的可再生材料公司，为众多行业提供包装、生物材料、木结构和纸张等方面的可再生解决方案。然而，尽管 Stora Enso 在可持续发展和环境保护方面取得了稳步发展，但在

2012 年至 2014 年期间，该公司被指控违反人权和商业道德，包括在中国不公正地对待当地农民和在巴基斯坦的一家合资公司雇用童工。这些道德问题迫使 Stora Enso 针对 CSR 沟通和行为采取更加积极主动、参与度更高的公司治理方法。

第 7 章讨论了富国银行的案例，这是一家总部设在加利福尼亚州旧金山的美国跨国金融服务公司。2015 年，该银行成为全球市值最大的商业银行并在《财富》美国 500 强排行榜中位列第 30 名。但在 2016 年 9 月，富国银行接受关于该行长期违法销售行为的调查后，媒体和法定机构对其进行了曝光。银行员工在未经客户同意的情况下开设了多达 200 万个未经授权的账户，然后向毫不知情的客户收取费用。这背后的原因被认为是该行目标设定过于激进，营造的氛围让身在其中的员工感到压力巨大，不得不参与不道德的销售行为。政府主管部门在 2016 年至 2018 年期间对该行处以高额罚款，导致其约 6,000 家分行中的 400 多家分行在 2018 年底关闭。很多员工因此失业，银行也因失去投资者的信任而损失了大量的投资。

第 8 章讨论的是澳大利亚最大的人寿保险公司之一 CommInsure 的案例。CommInsure 是澳大利亚最大的银行——澳大利亚联邦银行（CBA）的一个保险部门。2016 年 3 月，CommInsure 的一名检举者向媒体披露了该公司的不道德行为：该公司修改了健康评估结果或医疗意见以避免人寿保险赔付，并销毁了客户文件。CommInsure 因此保险收入大幅下降，并于 2018 年终止经营。最终，CommInsure 于 2018 年被出售给富卫集团，并在 2021 年被再次出售给 Hollard 集团。

第 9 章研究的是东芝的案例，该公司于 1939 年成立于日本东京，由东京电气株式会社和芝浦制作所合并而成。作为日本的企业巨头之一，东芝长期受到公众的赞赏。但在 2015 年，某独立调查委员会发现东芝存在财务舞弊行为，包括夸大其净收入以及 2008 年至 2015 年间进行虚假会计处理，其诱因是公司总裁设定了不切实际的增长和利润目标。2017 年，东芝摘牌退市，并被迫破产。

第 10 章讨论的是国美的案例，国美是一家中国家电连锁零售商，也是中国大陆最大的家电零售商之一。国美于 1987 年开设首家门店，并于 1999 年开始在多个地区开展业务。2004 年，国美在香港交易所（简称"港交所"）上市。2010 年，国美在中国大中城市拥有 1,200 多家门店，年销售额达 509 亿元。国美首席执行官陈晓和 2008 年入狱的创始人黄光裕的国美控制权之争对该公司的发展产生了重大负面影响。特别是国美在 21 世纪 00 年代末和 21 世纪 10 年代初的控制权争夺阻碍了公司的业务运营和发展，损害了股东的利益，而董事长权力过大、缺乏独立董事和中立的机构股东代表等关键潜在公司治理问题更是助长了这一态势。

第 11 至 13 章研究的是 3 个不同于其他案例的案例：信誉良好的中国互联网供应商阿里巴巴集团；香港家族企业李锦记（LKK）；以家族企业形式成立，而后混改为国有企业（SOE）并在中国证券市场公开上市的云南白药。阿里巴巴展示的是利用合伙人制度来控制公司和筹集资金的案例。李锦记建立了家族治理结构和家族章程，以此确保家族企业的发展和传承。云南白药的案例阐明了从家族企业到国有企业，再到上市公司的所有权结构的演变。

阿里巴巴集团于 1999 年在中国杭州成立。阿里巴巴于 2007 年 11 月在港交所上市，并于 2014 年 9 月在纽约证券交易所（简称"纽交所"）上市。阿里巴巴的核心业务包括电子商务、云计算、数字媒体和娱乐及创新。此外，蚂蚁集团作为未合并的关联方和支付宝的母公司，向阿里巴巴的用户和商户提供支付和金融服务。2021 财年，阿里巴巴的商品交易总额（GMV）为 81,190 亿元（约 12,800 亿美元），年度活跃消费者数量超过 10 亿人次，其中包括中国国内的 8.91 亿名消费者和中国境外的约 2.4 亿名消费者（阿里巴巴集团，2021 年）。阿里巴巴所有权的显著特征之一是为控制公司和筹集资金所采用的合伙人制度。这种合伙人制度给阿里巴巴带来了公司治理优点，如管理层和外部投资者之间的分工合作、合伙人之间共享价值观和企业文化，以此增强团队凝聚力，专注于阿里巴巴长期发展的共同目标。

李锦记成立于 1888 年，最初只是一家小型蚝油庄。20 世纪 80 年代和 90 年代企业的大规模扩张和多样化，以及 21 世纪 00 年代家族多代同堂日益复杂，促使李氏家族实施了一系列制度和公司治理措施来促进企业的发展和传承。其改革措施包括建立家族治理结构和家族章程。这种制度与传统依赖于父权的家族治理结构迥然不同，它更注重在家族成员之间建立沟通渠道和信任关系。这种治理机制为家族企业未来的发展和后代的所有权继承奠定了坚实的基础。2018 年，李锦记成为全球最大的蚝油制造商。在《福布斯》2021 年香港富豪榜上，李锦记现任董事长李文达凭借 174 亿美元的身家跻身前 10（Simpson，2021 年）。

云南白药于 1933 年成立于中国云南省，最初是一个家族企业，于 20 世纪 60 年代成为国有企业，并于 1993 年成为以国有资本为大股东的上市公司。这一案例研究了所有制改革的每一个阶段，以及与其作为 SOE 和国有控股上市公司的地位相关的问题。特别是，云南白药在 2016 年至 2019 年间经历了两个阶段的混合所有制改革。这次改革通过与机构投资者分享控制权来减少国家的控制权。向共享所有权的转变引发了公司治理的重大变革，包括在董事会中增加民营代表人数、引入专业管理体系以及建立基于激励的薪酬制度。这些变革为云南白药的业绩持续提升提供了强大的推动力。

第 14 章汇集 12 个案例中提出的论点和问题，对全书进行总结。

参考文献

Alibaba Group. (2021). 2021 Annual report. *Alibaba Group.* https://www.alibabagroup.com/reports/fy2021/ar/ebook/en/index.html

Cadbury, A. (1992). *Corporate governance overview.* World Bank Report.

International Corporate Governance Network. (2008). *Statement on the global financial crisis.* ICGN.

International Corporate Governance Network. (2009). *Second statement on the global financial crisis.* ICGN.

International Finance Corporation. (2010). *Navigating through crises: A handbook for boards.* IFC.

Organisation for Economic Co-operation and Development. (1999). *Principles of corporate governance.* OECD.

Organisation for Economic Co-operation and Development. (2009). *Corporate governance lessons from the financial crisis.* OECD.

Organisation for Economic Co-operation and Development. (2015). *G20/OECD principles of corporate governance.* OECD.

Sarbanes–Oxley Act. (2002). Sarbanes-Oxley Compliance Professionals Association. Available at https://sarbanes-oxley-act.com

Simpson, A. (2021). Hong Kong's Richest 2021: 10 Billionaires who topped the Forbes list. *Tatler Asia.* https://www.tatlerasia.com/power-purpose/wealth/hongkong-billionaires-2021-forbes

第 2 章

Carillion

2018 年 1 月 15 日，背负巨债的英国建筑和服务公司 Carillion 被银行拒绝提供额外财务支持，导致数百个项目停摆以及数千名私营企业员工面临风险，该公司因此被依法强制清算。

Carillion 的财务问题首次公开于 2017 年 7 月 10 日，[一]当时该公司在 2017 年上半年的交易资讯中发布了第一个盈利预警，并宣布签订了 8.45 亿英镑的合同（其中英国市场为 3.75 亿英镑，部分海外市场为 4.5 亿英镑）。此外，Carillion 暂停向股东支付 2017 年的股息，以立即降低净债务水平（Clarfelt，2017 年）。与此同时，Richard Howson 辞去 CEO 一职，2017 年由 Keith Cochrane 接任临时 CEO。这一系列坏消息导致 Carillion 股票市值瞬间下跌近 40%（见图 2.1）。

根据 Carillion 2016 年年报，该公司在全盛时期曾是英国第二大建筑和服务公司，在全球拥有 43,000 名员工，英国本土员工超过 18,000 名。Carillion 的倒闭在整个行业引发强烈冲击，并一路蔓延到政府，因为该公司签订了 420 份英国公共部门合同（Hopper，2019 年），包括医院、高速公路和铁路的建设，军队房屋的维护以及

⊖ 请参见 2017 年交易资讯。https://www.investegate.couk/carillion-plc--clln-/rns/trading-statement/201707
100700105229K/。

学校和监狱的清洁。

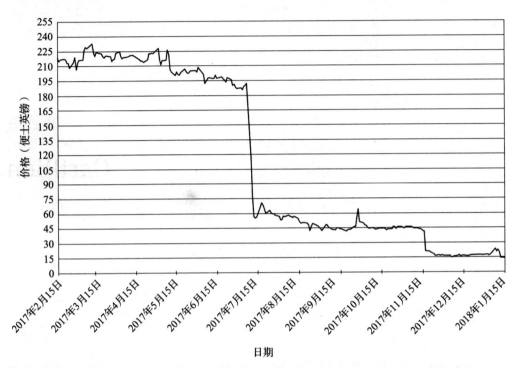

图 2.1　2017 年 2 月—2018 年 1 月 Carillion 股价（资料来源：Datastream 数据库）

2.1　John McDonough

Carillion 于 1999 年 7 月因 Tarmac（英国建筑和骨料集团，成立于 1903 年）业务拆分而成立。新公司旨在专注于建筑和设施管理。John McDonough 于 2000 年被任命为 CEO。[⊖]他于 1972 年在 Massey Ferguson 开启职业生涯，并于 1991 年加入江森自控，担任汽车系统集团（ASG）的英国地区总经理。他的职业生涯进展顺利，后升任欧洲、中东和非洲地区综合设施管理副总裁。

Carillion 成立于英国建筑业的低谷时期。John McDonough 立志发展与私人融资、基础设施管理和综合设施管理相关的业务，同时有选择地发展 Carillion 的建筑业务。具体而言，Carillion 的扩张主要是通过一系列收购实现的。对竞争对手的大肆收购，例如 2006 年对 Movlem[⊜]的收购、2008 年对 Alfred McAlpine[⊜]的收购以及

⊖　来自 Carillion 2000 年年报。
⊜　Movlem Plc 曾是英国最大的建筑和土木工程公司之一。该公司于 2006 年 2 月被 Carillion 收购。
⊜　Alfred McAlpine Plc 曾是一家总部设在柴郡胡顿的英国建筑公司。该公司专注筑路业务，建造了超过 10% 的英国高速公路。该公司于 2008 年被 Carillion 收购。

2011 年对供暖和可再生能源供应商 Eaga 的收购，使其在争取大部分合同时都没有竞争对手。因此，21 世纪初，Carillion 迅速扩张并在 2007 年至 2009 年间达到收入顶峰，成为英国第二大建筑和服务公司。

2014 年，Carillion 试图通过与英国当时最大的建筑公司 Balfour Beatty 达成合并交易，成为英国最大的建筑公司。拟议合并的出价为 30 亿英镑（Hoang，2014 年）。经过几轮谈判，Balfour Beatty 的董事会拒绝了 Carillion 的提议，认为该交易不符合其股东的最佳利益（Rankin，2014 年）。被 Balfour Beatty 拒绝之后，Carillion 本应进行进一步谈判，但却宣布不再寻求与 Balfour Beatty 合并，并拒绝了恶意收购的想法。

2.2　Carillion 最初的问题

2.2.1　收购和债务

Carillion 的问题可归因于其扩张战略。具体而言，Carillion 的大部分收购主要通过债务融资完成，所收购的公司（如 Movlem、McAlpine 和 Eaga）在收购后都出现了亏损。Carillion 的债务不断增加而收入增长不足，这促使投资者持有空头头寸或做空 Carillion 股票，2012 年后 Carillion 股票的空头头寸稳步增加足以证明这一点。

2.2.2　过度外包

20 世纪 90 年代，一系列经济和结构变化对英国建筑业产生了深远影响，尤其是 20 世纪 90 年代初的经济衰退，导致了行业供需失衡。具体而言，参与竞争的公司太多，而可供争取的合同太少，因此大公司开始采用最低成本投标策略，并将相关风险转移给分包商，从而在竞争中存活下来。

作为总承包商，Carillion 对分包商的过度依赖使其要管理的资本较少，如固定资产和用于工资和材料的营运资本。通过这种方式，Carillion 可提高其资本回报率，增加收入并减少风险资本，向股东展示公司兴旺繁荣的形象。但是，这种资本回报率的提高产生了损害效应，因为 Carillion 减少的资本不足以覆盖分包工程产生的不可预见的风险。

2.3　Carillion 的公司治理问题

Carillion 倒闭的直接原因是其背负巨额债务，而参与的项目利润低、不盈利。Carillion 刻意承接勉强够支付其总成本的低成本工程，然后将大部分工作分包给分包商，以预付款项掩盖其现金流问题，营造一种企业发展前景良好的假象。但是这种策略存在固有风险，而其董事会、投资者和审计师似乎都没有意识到这一点。此外，英国的公司治理准则以股东至上为基础，[⊖]Carillion 的董事决定每年增加股息，使得投资者获得高额股息，同时董事获得高额奖金。2012 年至 2016 年，Carillion 的营运现金流为 3.13 亿英镑，股息总额为 3.76 亿英镑（Mor，2018 年）。显然，Carillion 使用了债务来支付股息，并且未能打造一个对高管决策进行仔细审查的董事会环境。最终，公司的董事亲手将 Carillion 逼到了倒闭的地步。根据英国国会专责委员会在 2018 年开展的进一步调查，Carillion 的管理层缺乏履行职责所需的基本财务知识，董事会要么存在失职行为，对 Carillion 的腐败文化一无所知，要么本身就是帮凶。正如针对 Carillion 的政府报告中所述，[⊜]"Carillion 的董事会对公司的失败负有责任"。

2.3.1　高管薪酬

尽管 Carillion 存在财务问题，但自 1999 年以来，其董事会决定每年增加股息，以此掩盖公司的低投资水平、现金流下降、债务增加和养老金缺口增加问题，从而营造公司运作良好、利润丰厚的假象。图 2.2 为 Carillion 公司 1999 年以来的股息支付方案。Carillion 的股息支付方案看起来几乎不受公司业绩波动的影响，但股息发放金额的上升趋势引起了 Kiltearn 和标准人寿安本（SLA）等机构投资者的高度关注。意识到股息的持续增长意味着 Carillion 忽视了其不断上升的债务水平后，投资者开始撤回出资。SLA 向 Carillion 去函，解释说决定撤资是出于对一些问题的担忧，包括战略、财务管理和公司治理问题（Shoaib，2018 年）。SLA 主要关注的问题如下：[⊜]

⊖　股东至上是一种以股东为中心的公司治理形式，首先重点关注股东价值的最大化，其次才考虑其他方的利益。

⊜　请参见 https://publications.parliament.uk/pa/cm201719/cmselect/cmworpen/769/76903.htm。

⊜　请参见标准人寿安本（SLA）的信函：https://www.parliament.uk/globalassets/documents/commons-committees/work-and-pensions/Carillion/Letter-from-Standard-Life-to-the-Chairs-regarding-Carillion-2-February-2018.pdf/。

- 由于 Carillion 持续进行收购和支付高股息，短期内不太可能减少高水平的表内和表外负债。
- 养老金缺口不断扩大（从 3.17 亿英镑增加到 2016 年的 6.63 亿英镑）。
- 尽管新业务的薄利带来收入增长，但仍面临盈利下行压力。
- 现金增值能力低下。
- 董事会不愿意改变公司的战略方向。

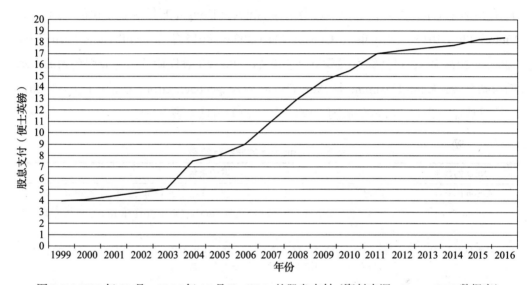

图 2.2　1999 年 12 月—2016 年 12 月 Carillion 的股息支付（资料来源：Datastream 数据库）

　　尽管股东日渐担心 Carillion 的高管薪酬问题，但薪酬委员会仍继续寻求提高奖金，同时削弱回拨机制条款——这是一种支付奖金后在业绩不佳的情况下索回高管薪酬的协定。"Carillion 的董事领取了巨额薪资和奖金，尽管他们在我们面前公开悔过，但他们从未表露出一丝要放弃这些薪资和奖金的迹象"（专责委员会，2018 年）。

　　以 2012 年至 2017 年 7 月担任 Carillion CEO 的 Richard Howson 为例。他在 2016 年的年薪和奖金合计高达 150 万英镑，包括 122,612 英镑的现金奖金和 231,000 英镑的养老金缴款（Partington，2018 年）。Carillion 并没有统一高管和股东的利益，而是在 2016 年将最高奖金水平提高到薪资的 150%，后因股东反抗而不得不降低到 100%（Partington，2018 年）。

2.3.2　非执行董事（NED）

　　Carillion 的倒闭也引发了人们对非执行董事职责的关注，因为他们在董事会中扮演着保护公司及其利益相关者的重要角色。尽管 Carillion 的 NED 都是市场专家，这一点毫无疑问，但如 Carillion 2015 年年报所述，他们都在小组委员会任职（包括薪酬委员会、提名委员会、商业诚信委员会、可持续发展委员会和审计委员会，共 5 个）。

与此同时，Carillion 的 NED 也在其他公司中担任重要角色，难以投入足够的时间来履行他们在每个委员会中的职责。例如：薪酬委员会主席 Alison Horner 还兼任乐购的首席人力官；审计委员会主席 Andrew Dougal 兼任多家公司的 NED，如 Victrex Plc（2015—2018 年）、Creston Plc（2006—2015 年 ）和 Premier Farnell Plc（2006—2015 年）；可持续发展委员会主席 Ceri Powell 兼任荷兰皇家壳牌公司的全球勘探副总裁；Keith Cochrane 是 Weir Group 和 Stagecoach Group 的前 CEO，于 2017 年 7 月被任命为 Carillion 的临时 CEO。其他相关信息见表 2.1。

表 2.1　Carillion 的非执行董事

NED 的姓名	其他角色
Alison Horner	乐购公司的养老金专家、首席人力官。任命于 2013 年 12 月，任薪酬委员会主席
Andrew Dougal	苏格兰特许会计师，Hanson 公司前 CEO。任命于 2011 年 10 月，任审计委员会主席
Ceri Powell	荷兰皇家壳牌公司副总裁。任命于 2014 年 4 月。任职于审计、薪酬、提名和商业诚信委员会，并担任可持续发展委员会主席
Keith Cochrane	苏格兰特许会计师，Weir Group 和 Stagecoach Group 前 CEO。任命时间为 2015 年 7 月至 2017 年 7 月，后成为临时 CEO

资料来源：Carillion 2015 年年报。

NED 对公司至关重要，因为公司雇用他们的目的是质疑公司的风险管理和业务战略，并对鲁莽的高管进行仔细审查。他们在不同的商业环境中驰骋多年，积累了丰富的实战经验，并具有客观且独立的观点。但是，NED 的立场具有根本性的矛盾点：如果他们在一家公司肩负过多职责，就会成为管理团队的成员，难以提供所需的独立意见和起到监督作用；反之，如果职责过少，他们依靠手里的控制权就不足以质疑管理团队的想法。

鉴于所有 NED 都在其他公司担任重要职务，Kiltearn Partners 的董事长 Murdo Murchison 于 2014 年和 2015 年会见了 Philip Green，并怀疑 Carillion 的 NED 未对高层管理团队行使有效的控制权。他认为 Carillion 的 NED 无法提供确凿的证据，证明他们履行了质疑管理团队的义务。

2.3.3 Carillion 的审计师

1. 外部审计师

1999 年，毕马威会计师事务所（简称"毕马威"）首次被任命为 Carillion 的外部审计师。该事务所审计了 Carillion 2016 年的账目，这是该公司倒闭前公开的最后一份账目。值得注意的是，毕马威关注到 Carillion 存在重大虚报风险，包括以下内容：

- 合同收入的确认。
- 一份价值 2 亿英镑的租赁协议。
- 商誉价值。

以上几点是毕马威对 Carillion 的主要关注点，但是毕马威做出了错误的决定，接受了 Carillion 对收入确认的会计处理，而这在之后被发现是虚报的。Carillion 外部审计工作的毕马威负责人 Peter Meehan 表示，毕马威此前去过英国、中东和加拿大的建筑工地现场并检查了工程进度，总结说毕马威为处理收入确认问题采取了足够的措施。

在审计报告签署四个月后，毕马威受聘对 Carillion 的建筑项目开展全面审查，并得出这些项目被高估 8.45 亿英镑的结论，而这与此前审计报告中所载的信息相悖。从上述分析中可以看出，毕马威未能识别 Carillion 的合并财务报表中的问题，从而未能发现其真实情况。因此，Carillion 暗示其可向毕马威提出数亿英镑的索赔（Fenn，2020 年）。根据 AccountancyAge 在 2018 年发布的报告，毕马威在 19 年间向 Carillion 陆续收取了 2,900 万英镑的审计费用，⊖为此，商务、能源与产业战略（BEIS）委员会主席 Rachel Reeves 认为，审计工作"似乎对时间和金钱是巨大的浪费，唯一的用途是向投资者、职工和公众提供虚假的保证"。⊖

2. 内部审计师

2009 年以来，Carillion 的内部审计师一直是同为四大会计师事务所的德勤，该事务所受聘为 Carillion 的治理、风险管理和内部控制流程的效能提供第三方审验。

⊖ 请参见 https://www.accountancyage.com/2018/05/16/auditors-in-the-dock-over-carillion-as-report-calls-for-big-four-break-up/。
⊖ 请参见下议院专责委员会于 2018 年发布的报告：https://publications.parliament.uk/pa/cm201719/cmselect/cmworpen/769/769.pdf/。

AccountancyAge 发布的一份报告显示，德勤共收取了 1,100 万英镑的审计费用。德勤的国际审计合伙人 Michael Jones 也因这家建筑业巨头的垮台而受到猛烈抨击。当被问及德勤是否也应为 Carillion 的倒闭承担某些责任时，Jones 表示参与战略决策制定并不在审计师的工作范围内，德勤也没有核实 Carillion 所提供数据的责任（Marriage，2018 年）。但是，专责委员会的报告得出的结论是，德勤未履行其风险管理和财务控制职责，对 Carillion 的重大问题毫不知情，例如在卡塔尔的合同纠纷中：

> 尽管德勤在其内部审计报告中提出了许多建议，但几乎没有将其列为高优先级事项。2012 年至 2016 年提出的 309 项建议中仅 15 项被列为高优先级事项。同样，在 2015 年和 2016 年的 61 份内部审计报告中，仅 2016 年有一份报告指出控制不当问题。德勤本应负责就债务回收等财务控制问题提出建议，但却对 Carillion 和 Msheireb 互称对方欠自己 2 亿英镑这一纠纷毫不知情。德勤似乎也没有对少数合同未履行给 Carillion 带来的高风险表现出担忧。德勤本应负责为 Carillion 董事会提供风险管理和财务控制方面的建议，而这些最终都恰恰是 Carillion 的致命问题。德勤要么无法有效地向董事会确认与其商业行为相关的风险，要么不愿这样做，要么轻易忽视了这些风险。（专责委员会，2018 年）

在这一系列丑闻之后，审计师、审计行业和监管机构都深陷泥潭。具体而言，毕马威和德勤因未能发现 Carillion 的危险信号而饱受指责，英国财务报告委员会（FRC）因未能解决这家建筑巨头的账目问题而备受责难。[⊖]

2.4　Carillion 倒闭的代价

作为英国第二大建筑公司，Carillion 的倒闭不可避免地对英国经济产生了负面影响。就成本而言，其倒闭造成了近 10 亿英镑的债务和超过 5 亿英镑的养老金缺口，约 30,000 家分包商被拖欠款项（Colley，2018 年）。根据 Carillion 2016 年年报，Carillion 在全球拥有约 43,000 名员工，其中英国本土员工超过 18,000 名。虽然政府宣布从事公共项目（如米德兰城市大学医院和皇家利物浦大学医院的项目）的员工将受到保护，但这一措施在实质上涉及将这些员工转到该行业的其他公司。结果是，伍尔弗汉普顿总部的约 400 名后勤人员面临失业的风险。

⊖ 请参见 https://www.ft.lk/Financial-Services/FRC-The-watchdog-that-barked-too-late/42-658866。

　　Carillion 的倒闭还影响了其他公司。例如，签订公共和私人合同的分包商在获得付款保证之前都暂停工作。英国的建筑业由少数几家大型公司（主要公司为 Balfour Beatty、Kier Group、Interserve、Morgan Sinall 和 Amey）和大量承包商组成。在倒闭前，Carillion 将其供应商视为资金来源，明明严重依赖其供应商提供合同相关的材料、服务和支持，却又轻蔑地对待供应商。其惯常的行为包括延迟付款、对发票吹毛求疵和在报告期内长期拖延（专责委员会，2018 年）。一些供应商报告称要等待 120 多天才能收到款项，如果要在 45 天内收到款项，就必须同意少享有优惠。Carillion 倒闭两个月后，工程公司 Vaughan Engineering 于 2018 年 3 月申请了资产管理。该公司的承包商被 Carillion 拖欠了已竣工项目的 65 万英镑，而该公司在 2018 年的前三个月还被雇用承接了价值 110 万英镑的额外工程。Vaughan Engineering 不是 Carillion 倒闭后苦苦挣扎的唯一一家公司。2018 年第一季度，当地有超过 700 家与 Carillion 相关的公司申请破产，与 2017 年相比增长了 20%。

　　Carillion 对贷款的高度依赖导致其有超过 10 亿英镑的坏账。截至 2018 年第一季度末，桑坦德银行宣布与 Carillion 相关的坏账达 2.03 亿英镑，并承认 Carillion 倒闭导致其利润下降约 21%。同样，劳埃德银行也因 Carillion 倒闭受到重创，减值损失达 2.7 亿英镑，利润下降了 5%。

2.5　Carillion 案例的教训

　　Carillion 倒闭揭露的问题并不新鲜。该公司的扩张战略基于巨额债务水平和利润低、不盈利的项目，这正是其倒闭的主要原因。正如黑石集团总经理 Amra Balic 所言，Carillion 的董事会更关注为高管发放高薪和增加股息，而非经营业务，这也导致其最终走向倒闭（专责委员会，2018 年）。此外，Carillion 的 NED 未能有效监督管理团队，引发了对其独立性的质疑。

　　内部或外部审计师签署审计报告时并未发现 Carillion 激进的会计处理。毕马威（外部审计师）声称 Carillion 2016 年的账目看起来"真实且公允"。这就引出了一个问题，即会计师如何理解"真实"和"公允"这两个词，因为毕马威签署审计报告仅四个月后，该公司的资产就被发现虚报了 8.45 亿英镑（Carillion 案例中的关键事件见表 2.2）。为了避免失败，有必要重新评估审计的目的，因为投资者（不仅仅是现有股东）、员工、供应商、分包商和公众都有充分了解公司真实财务状况的合法权益。管理层和审计师之间的密切关系可能会有损审计师的独立性，因此需要进行重大改革，从而在审计师对被审计公司的熟悉程度和审计师保持独立性的能力之间取得平衡（McLoughlin，2019 年）。

表 2.2　Carillion 案例：关键事件

时间	描述
1999 年	Carillion 从 Tarmac 中拆分出来，正式成立
2000 年	John McDonough 被任命为 CEO
2005 年	收购 Planned Maintenance Group Ltd（PMG）
2006 年 2 月	以 3.5 亿英镑收购 Mowlem Plc
2007 年 4 月	Richard Adam 被任命为董事会成员，担任财务总监
2008 年 2 月	以 5.65 亿英镑收购 Alfred McAlpine
2011 年 4 月	以 2.98 亿英镑收购 Eaga（更名为 Carillion Energy Services）
2012 年 1 月	Richard Howson 被任命为 CEO
2016 年 12 月	Richard Adam 从财务总监一职退休
2017 年 1 月	Zafar Khan 被任命为董事会成员，担任财务总监
2017 年 3 月	签署和发布 Carillion 2016 年年报和账目。Richard Adam 以 543,000 英镑的价格抛售他当时持有的全部股份
2017 年 5 月	毕马威审查了 Carillion 的会计处理，并得出结论认为，该公司的资产分类错误，但不存在收入虚报
2017 年 6 月	支付了价值 5,500 万英镑的 2016 年最终股息
2017 年 7 月 9 日	Richard Howson 辞去 CEO 一职。Keith Cochrane 接任临时 CEO；董事会同意在其 2017 年期中财务业绩中纳入价值 8.45 亿英镑的合同条款
2017 年 7 月 10 日	Carillion 宣布签订了 8.45 亿英镑的合同，并对集团的业务和资本结构进行全面审查
2017 年 9 月 29 日	半年期结果包括将账面价值进一步调减 2 亿英镑
2017 年 11 月 17 日	发布第三个盈利预警，同时宣布该公司即将违反其债务契约
2018 年 1 月 14 日	董事会得出结论认为，该公司已资不抵债
2018 年 1 月 15 日	由于公司无力偿还债务，董事向法院呈递强制清盘的申请书

讨论问题

1. Carillion 在倒闭之前是否对其 NED 期望过高？

2. 讨论 Carillion 的商业模式。

3. 自 2002 年安达信倒闭事件以来，四大会计师事务所（普华永道、毕马威、德勤和安永）一直主导英国大型公司的审计工作。你认为经济运行需要一个有竞争力的审计和专业服务市场，以取得公众的信任吗？

4. 对于导致 Carillion 倒闭的各方，你会如何划分其责任？我们应责怪 Carillion 的董事会而不是毕马威和德勤及其顾问吗？

5. 讨论 Carillion 审计委员会的有效性。

6. 讨论 Carillion 倒闭前其 NED 的职责。

参考文献

Colley, J. (2018). Carillion Q&A: The consequences of collapse and what the government should do next. *The Conversation.* https://theconversation.com/carillion-qanda-the-consequences-of-collapse-and-what-the-government-should-do-next-90252/

Clarfelt, H. (2017). Carillion suspends dividend as balance sheet creaks. *Investors' Chronicle.* https://www.investorschronicle.co.uk/tips-ideas/2017/07/13/carillion-suspends-dividend-as-balance-sheet-creaks/

Fenn, A. (2020). Carillion Plc v KPMG LLP & Anor. *Atkin Chambers Barristers.* https://www.atkinchambers.com/carillion-plc-v-kpmg-llp-anor-2020-ewhc-1416-comm/

Hoang, L. M. (2014). Carillion in talks with Balfour Beatty on 3 billion pound merger. *Reuters.* https://www.reuters.com/article/us-balfour-beatty-carillion-idUSKBN0FU1B920140725/

Hopper, J. (2019). Carillion: 12 months on from a PFI perspective. *Bevan Brittan.* https://www.bevanbrittan.com/insights/articles/2019/carillion-12-months-on-from-a-pfi-perspective/

Marriage, M. (2018). MPs turn fire on KPMG and Deloitte partners over Carillion. *Financial Times.* https://www.ft.com/content/71c8f2b8-17d7-11e8-9e9c-25c814761640/

McLoughlin, B. (2019). Has the audit process improved since Carillion? No, say company secretaries. *Accountancy Age.* https://www.accountancyage.com/2019/01/29/has-the-audit-process-improved-since-carillion-no-say-company-secretaries/

Mor, F. (2018). Carillion collapse: What went wrong? *House of Commons Library.* https://commonslibrary.parliament.uk/carillion-collapse-what-went-wrong/

Partington, R. (2018). Carillion bosses displayed 'greed on stilts', MPs claim. *The Guardian.* https://www.theguardian.com/business/2018/mar/26/carillion-bosses-displayed-greed-on-stilts-mps-claim/

Rankin, J. (2014). Balfour Beatty rejects latest Carillion merger offer. *The Guardian.* https://www.theguardian.com/business/2014/aug/20/balfour-beatty-rejects-latest-carillion-merger-offer/

Shoaib, A. (2018). Carillion inquiry: Missed flags, aggressive accounting and the pension deficit. *Accountancy Age.* www.accountancyage.com/2018/02/26/carillion-inquiry-missed-red-lights-aggressive-accounting-pension-deficit/

Selected Committee. (2018). *House of Commons—Carillion.* P. 24.

第 3 章

乐　购

总部位于英格兰的英国跨国杂货和零售巨头乐购公司宣布，截至 2014 年 8 月 24 日的六个月利润预计约为 11 亿英镑。2014 年 9 月 22 日，乐购发布更正公告，称其之前的公告将利润虚报了约 2.5 亿英镑，并在之后修正为 3.26 亿英镑（Martin，2016 年）。这一公告在各行各业引发强烈冲击，导致乐购的股票和债券市值立即下跌，损失金额估计达 20 亿英镑（Bergin，2014 年）。此外，财务报告委员会（FRC）、严重欺诈办公室（SFO）和金融行为监管局（FCA）等政府主管部门对乐购的假账展开了全面调查。

2017 年 3 月，乐购与 SFO 达成协议，就虚报 2014 年利润一事缴纳 1.29 亿英镑的罚款。此外，乐购还签订了一份涵盖刑事责任的暂缓起诉协议（DPA）。根据 DPA 的条款，如果乐购的未来行为满足某些条件，则不会因假账指控相关活动被起诉。此外，乐购与 FCA 达成协议，向在发布伪造期中账目当年 8 月 29 日（发布伪造期中账目之时）至 9 月 22 日（发布更正公告之时）期间购买乐购有价证券的投资者支付总额为 8,500 万英镑的赔偿款，以避免进一步的制裁。为缴纳罚款（即 1.29 亿英镑的罚款和 8,500 万英镑的股东赔偿款），乐购在 2017 财年承担了 2.35 亿英镑的特别支出（Ruddick 和 Kollewe，2017 年）。

乐购的公司治理失败是引发其会计丑闻的关键因素之一。具体而言，乐购被发现至少有两年的财务报表严重虚报其利润和资产。因此，我们不妨来研究一下，乐购的公司治理体系中哪个部分的责任最大：董事会、审计委员会还是审计师。

3.1　乐购简史

1919 年，Jack Cohen 在第一次世界大战结束时离开了英国皇家飞行队，开始在伦敦东区的一个摊位上出售剩余杂货。乐购这个品牌的正式问世要追溯到 1924 年，当时 Jack Cohen 从一个名叫 TE Stockwell 的商人那里买入了一批茶叶。Jack Cohen 随后将茶叶用小袋重新包装，作为他的第一个自有品牌产品进行售卖，并贴上了由供应商的姓名首字母（TES）和 Jack Cohen 姓氏的前两个字母（CO）组成的新标签，这就是品牌名称 Tesco（乐购）的由来。[⊖]1929 年，第一家乐购门店在伦敦北部埃奇韦尔的 Burnt Oak 开业，出售高级干货和自有品牌产品 Tesco Tea（乐购茶）。

20 世纪 30 年代，Jack Cohen 在伦敦北部埃德蒙顿的 Angel Road 成立了一个现代化的食品仓库和新总部，并将业务扩展到整个伦敦和邻近的郡。1947 年，乐购商店（控股）有限公司上市，发行价为每股 25 便士。乐购的快速扩张始于 20 世纪 50 年代，当时在整个英国开设了 500 多家新店。

乐购的全球扩张始于 20 世纪 90 年代初，业务遍及全球 11 个国家和地区。快速增长和 1995 年推出的乐购会员卡使乐购的市场份额超过了 Sainsbury's 超市，成为英国最大的食品零售商。乐购也开始对品牌进行重新定位，实施多元化产品布局，包括家用商品、服装、互联网服务、电信、金融服务和加油站，力求以更低的价格向客户提供更广泛的产品选择。

除了实体店的快速扩张，乐购还于 2000 年推出了网站，并于 2012 年在中欧（捷克共和国）推出了线上购物服务。根据 2020 年年报，乐购在全球拥有 4,613 家门店，其中在英国和爱尔兰拥有 3,968 家门店。图 3.1 显示了乐购全球门店的总数。值得注意的是，英国和爱尔兰的乐购门店数量稳步增长，从 2009 年的 2,422 家增加到 2020 年的 3,968 家。

乐购是全球第三大超市集团，过去 25 年来一直是英国杂货市场的领导者（Vasquez-Nicholson，2013 年）。乐购的成功部分归功于其引入会员卡系统这一创造

⊖　请参见 https://tesco-bst.com/tescoshistory/。

性营销策略，该系统已成为英国杂货市场最受欢迎的系统，拥有约 1,650 万名活跃会员（Dost，2019 年）。乐购也是第一家开发线上购物服务的公司，有效地利用了电子商务的优势。此外，乐购有竞争力的价格、客户忠诚度、种类繁多的概念店和多样化的零售服务，如保险和银行业务，都是该公司在英国的竞争战略的一部分。

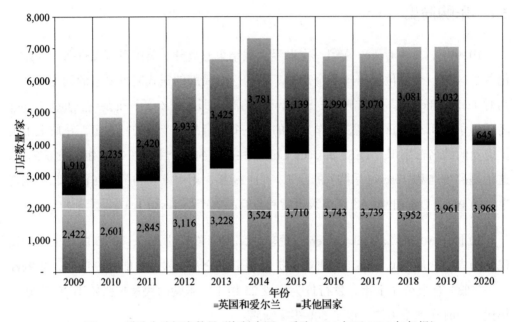

图 3.1　乐购全球门店数量（资料来源：乐购 2009 年至 2020 年年报）

除了保持在英国的主导地位，乐购还试图通过将业务拓展至不同国家和地区来把握全球机遇。2007 年，乐购以"鲜捷超市"之名进入美国市场，在加利福尼亚州、亚利桑那州和内华达州拥有 182 家门店。但是，由于供应链在某些市场的效率低下以及缺乏对美国消费者购买习惯的了解，乐购在 2013 年 4 月出售了其美国业务（Vasquez-Nicholson，2013 年）。同样，乐购国际市场的规模在 2020 年底大幅萎缩。具体而言，2020 年 3 月，乐购宣布出售其在马来西亚和泰国的业务，以完全退出亚洲市场（Reed 和 Eley，2020 年），将国际门店数量减少至约 700 家，重新专注于英国及欧洲业务。

3.2　零售商的竞争

20 世纪 90 年代，乐购还只是一家中型食品连锁店，实力远不及竞争对手 Sainsbury's。当时，英国食品市场由三大巨头主导：Asda、Sainsbury's 和乐购。虽然每个竞争对手各自在市场上占据不同的位置，但在 20 世纪 90 年代中期，这些竞争对手打起了价格战，市场竞争进一步加剧。Sainsbury's 和乐购的标准品牌与自有品牌产品的价格非常相似，但采用的折扣策略稍有不同。例如，乐购专注于其低价的自有品牌产品并持续降价，而 Sainsbury's 专注于降低标准品牌产品的价格。

2008 年金融危机后，价格战愈演愈烈，当时传统英国杂货零售商（如 Sainsbury's、ASA 和 Morrisons）面临着来自德国折扣连锁超市 Lidl 和 Aldi 日益激烈的竞争——这两家超市都主攻低价产品。折扣零售商数量的快速增长改变了杂货零售业的结构（Neville，2014 年）。折扣零售商日益流行并不是昙花一现，在此期间，它们从价格、品质、一致性和简单性入手，展开竞争。折扣零售商将他们优秀的业绩归因于采用各种策略来降低成本（Shadbolt，2015 年）。折扣零售商的特性之一是店铺的库存单位（SKU）数量很少。与平均售卖 10,000 种食品和非食品商品的传统零售商相比，折扣零售商平均仅售卖 1,000 ~ 3,000 种产品。很明显，限制 SKU 数量后，大宗订货而采购和物流团队较小的特点使折扣零售商降低了生产成本，继而产生了竞争优势。此外，产品周转速度很快，这也减少了对库房大存储空间的需求，从而降低了存储成本。因此，折扣零售商能够以较低的价格向消费者提供产品。

乐购的公司策略是确保公司持续发展，同时保持其利润水平。乐购的主要特点之一是其忠诚度计划——客户在实体店和线上购物时可申请会员卡并积攒积分，用于兑换后续消费时可用的独家优惠或折扣券。[○]会员卡计划的成功使乐购超越 Sainsbury's，成为英国食品市场的领导者（Lee，2016 年）。

除了低价竞争，乐购还通过一系列促销活动来提高销售额，以通过相关商业收益来维持利润水平。"商业收益"是指供应商同意根据达成的销售额及其对促销成本的贡献提供的折扣和回扣。这包括乐购供应商为推销其产品而支付的促销费用、货架位置费或数量回扣。

图 3.2 显示了 2011 年和 2019 年英国杂货市场的份额情况。在整个采样周期，乐购都是当时英国最大的零售商，平均市场份额约为 30%。随着低价竞争压力越来越大，乐购 2019 年的市场份额比 2011 年下降了超过 3 个百分点。乐购和其他零售商（如 Sainsbury's、Asda、Morrisons）市场份额的下降表明，客户已转为从 Aldi 和

○　乐购是最早推出会员卡系统的公司之一，早于所有的竞争对手。客户在乐购门店、乐购加油站、乐购线上店铺或其他乐购服务中每消费 1 英镑（在爱尔兰为 1 欧元），即可以获得 1 积分。持卡人每三个月会收到一份会员卡对账单，获得可在门店、线上或各种会员卡交易中使用的折扣券。此外，乐购还收集客户信息以迎合特定客户需求。

Lidl 等折扣零售商处购买（Butler 和 Bowers，2013 年），折扣零售商 2019 年的市场份额比 2011 年增加了不止一倍。

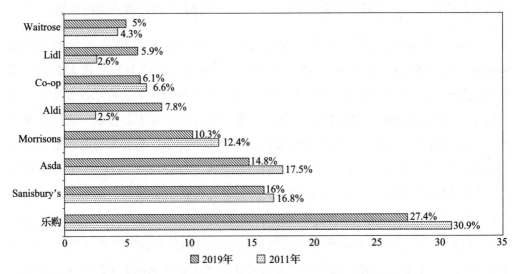

图 3.2　英国杂货市场份额（资料来源：Kantar 英国杂货市场份额）

为了应对市场份额的流失，乐购在价格战中发起攻击，与 Aldi 和 Lidl 展开竞争。2018 年，乐购推出了名为 Jack's 的折扣品牌，门店提供 2,600 种产品，包括 1,800 种 Jack's 自有品牌商品（Davey，2018 年）。乐购建立新的折扣品牌，旨在从 Aldi 和 Lidl 手中抢回客户。

3.3　乐购的公司治理问题

3.3.1　虚报利润——检举者

当来自竞争零售商的压力越来越大，特别是 Aldi 和 Lidl 等德国折扣连锁超市的市场份额不断增长时，乐购的管理团队仍致力于实现公司雄心勃勃的目标（Croft，2017 年）。2014 年 8 月，乐购的高级会计师 Amit Soni 出具了 2014/2015 财年的一系列会计报告，对公司实际业绩与其目标业绩之间日益扩大的缺口表达了担忧。但是，Soni 和会计团队却被要求提前"拉入"从供应商那里获得的未来收入，将其提前入账，以在短期内缩小不断扩大的缺口。乐购的商务总监 George Wright 对这种做法表示担忧，因为这无异于饮鸩止渴。然而，即使 Soni 一再警告乐购的账目缺口越来越大，乐购英国时任总经理 Christopher Bush 却不予回应（Reuters，2017 年）。

应该注意的是，乐购前 CEO Philip Clarke 于 2014 年 7 月 21 日卸任，而一个月后，乐购发布盈利预警并削减期中股息。当时的乐购处于无 CEO 掌舵的状态，下一任 CEO Dave Lewis 在 2014 年 9 月 1 日才开始任取。三周后，乐购宣布其虚报了期中利润。在德勤调查期间，包括 Christopher Bush 在内的 4 名高管被停职，并被要求下台。FCA 的进一步调查显示，Tesco 虚报金额估计为 2.84 亿英镑，包括 2014 年 3 月至 8 月的 6 个月期间虚报 7,600 万英镑，2013/2014 财年虚报 5,300 万英镑，以及此前几年虚报 1.55 亿英镑。也就是说，乐购至少已虚报资产达两年（FCA，2017 年）。

3.3.2　外部审计师

2014 年，发现会计违规行为后，乐购任命德勤为其新的外部审计师，自此结束了与普华永道长达 32 年的合作关系。这一任命决定是经法定审计合同的正式招标过程后做出的，普华永道没有参与其中。普华永道的发言人表示，"我们与乐购达成了一致，我们不会参与投标过程，并将在 2015 年年度股东大会结束后辞去审计师一职"（Warmoll，2015 年）。德勤被乐购聘用后，开展了独立、全面的调查，结果发现乐购涉嫌提前确认商业收益和延迟支付应计费用。但在仔细研究普华永道 2013 年（即发生会计丑闻的前一年）发布的审计报告后，德勤发现，报告称乐购在 2013 年的账目真实且公允地反映了其财务状况和业绩，其商业收益的会计处理没有问题。然而，根据乐购公布的 2014/2015 财年的初步结果，德勤的调查显示，其商业收益当时已虚报了 1.55 亿英镑（FCA，2017 年）。

应该注意的是，账目伪造风险只在普华永道审计乐购 2014 年的账目时才显现出来。普华永道曾在 2014 年年终审计期间表达了对乐购商业收益会计处理的担忧，质疑收入的入账方式，而该公司的审计委员会得出结论认为这方面没有问题。普华永道的人员报告称，他们与乐购的审计委员会讨论过此事，而审计委员会成员向普华永道保证一切正常（Willmott，2014 年）。普华永道尽管明显很担心商业收益报告，却仍然出具了无保留意见，认为乐购的账目真实且公允地反映了其财务状况和业绩。看起来，普华永道继续向乐购收取审计费用的获利动机可能影响了其职业道德。要想顺利中标，审计师需要与客户建立融洽的关系，并能够进行良好的沟通。⊖在乐购案例中，普华永道自 1983 年以来一直是乐购的外部审计师，这是一段非常长久的

⊖　请参见 http://hj.diva-portal.org/smash/get/diva2:933319/FULLTEXT01.pdf/。

关系。因此，这种密切关系产生的不利影响很大，普华永道可能缺失了职业怀疑态度，未能按需对这些数字进行仔细检查。Carey 和 Simnett（2006 年）还表明，当审计师与客户公司之间具有长期关系时，通常会寻求能够支持而非质疑管理团队的证据。换言之，普华永道面临着一个悖论，即该会计师事务所与乐购的长期关系可能损害了审计师的独立性。2014 年，普华永道共收取了 1,020 万英镑的审计费用，其中 550 万英镑源自其在乐购的审计和审计相关服务（Sweet，2015 年）。虽然没有关于普华永道如何开展审计的信息，但这些审计可以说是有缺陷的，因为普华永道没有强调其对乐购商业收益报告的担忧。

3.3.3　乐购的审计委员会

独立的审计委员会是良好公司治理的基本组成部分。根据乐购的审计委员会报告的说法（Tesco Group，2014 年），该委员会在内部控制、风险管理和财务报告方面，在对公司流程和程序的完整性给予信心这一点上起着不可或缺的作用。此外，该委员会还负责在公司发布年报和财务报表之前评估其准确性。

会计丑闻发生之时，乐购的审计委员会由四人组成（见表 3.1），其中有两人为特许会计师协会的成员，具有相关财务知识和经验。FCA 开展的进一步调查（2017 年）表明，乐购至少已虚报资产达两年。然而，审计委员会在审查乐购 2012/2013 财年和 2013/2014 财年的存在重大错误的财务报表时，却未能发现会计处理的"黑洞"。

表 3.1　乐购的审计委员会

姓名	职位
Ken Hanna	于 2009 年 4 月 1 日被任命为非执行董事（NED），于 2012 年 10 月 5 日被任命为审计委员会主席。Ken 是特许会计师协会的成员
Mark Armour	于 2013 年 9 月 2 日被任命为 NED，于 2013 年 10 月 2 日被任命为审计委员会成员。Mark 曾是普华永道会计师事务所（伦敦）的合伙人。他是财务报告委员会的 NED，也是特许会计师协会的成员
Patrick Cescau	于 2009 年 2 月 1 日被任命为 NED，于 2010 年 7 月被任命为高级独立董事
Gareth Bullock	于 2010 年 7 月 3 日被任命为 NED，于 2012 年 7 月 17 日被任命为乐购银行董事会 NED

资料来源：乐购 2014 年年报。

因此，审计委员会成员并未能履行职责以确保财务报表无重大虚报。如上文所述，普华永道在 2014 年发布的最后一份审计报告表达了对乐购商业收益的担忧，将其作为许多"重点关注领域"之一。然而，审计委员会却在报告中以寥寥数语驳回了普华永道的担忧，内容如下：

委员会注意到，外部审计师根据其对总体风险的评估而将商业收益列为重点关注领域。委员会认为，虽然商业收益是集团的重要收益之一，并涉及判断因素，但管理团队运营着适当的控制环境，可将该领域的风险降至最低。因此，委员会认为这不属于需要在审计报告中披露的重大问题。

（乐购 2014 年年报，第 33 页）

在乐购的案例中，无论是外部审计师，还是审计委员会，都未能揭露其会计违规行为。只有一名员工对"提前"计入未来收入表示担忧时，这些违规行为才得以揭露出来。显然，审计委员会站在乐购高管一边。结果，审计委员会的成员未能发现乐购财务报表中的重大错误，还驳回了普华永道的担忧，不免让人严重怀疑其治理结构的有效性。审计委员会成员本应对普华永道提出的问题做出迅速和果断的反应。

审计委员会未能发现会计违规行为，至少出于两个原因。第一，内部审计行业的发展趋势是日益融入业务流程（Alvero，2020 年），而这增加了过度融入和参与管理工作的风险。同样，Narayanaswamy（2018 年）也表明，审计委员会往往成为管理团队的"打手"，充当管理团队和审计师之间的中间人。换言之，乐购审计委员会的成员将自己视为管理团队的一部分，站在管理团队一边，因此不愿意去为难管理团队。第二，审计委员会对乐购的内部控制系统了解不足，因此误判了涉及的财务风险。这个问题不是哪一方单独导致的。事实上，并非只有普华永道会计师事务所和审计委员会未能履行自己的义务，董事会也忽视了这个问题或故意对其视而不见（Willmott，2014 年）。

3.3.4　乐购的董事会

根据英国《2006 年公司法》，公司董事会必须确保年度报表真实且公允地反映公司的财务状况后再予以发布。然而，这一额外步骤规定似乎未能阻止乐购在 2013 年和 2014 年的会计违规行为。董事会中并非所有董事都具备会计和财务专业知识，因此他们只能依赖公司财务专家［即首席财务官（CFO）和审计委员会］的判断。

FCA 的调查（FCA，2017 年）得出了类似的结论，表示 FCA "并不认为乐购董事会的任何成员都知晓，或者可以合理地预期已经知晓，8 月发布的报表中的信息是虚假或有误导性的"。尽管如此，仍有合理的理由推测负责编制账目的董事已意识到存在会计违规行为。[①]此外，在爆发会计丑闻之前，乐购已在无 CFO 的情况下运营了约六个月（乐购前 CFO Laurie McIlwee 于 2014 年 4 月辞职）。因此，乐购在这段时间内没有高管负责核实账目。当时，乐购食品业务的业绩恶化，承受着来自竞争零售商（尤其是德国折扣连锁超市）的日益增加的压力。Dechow 等（2011 年）的研究表明，当公司的财务业绩恶化、管理团队承受着维持公司市值的压力时，发生会计虚报的可能性更高。尽管普华永道就商业收益的确认问题向乐购发出了警告，但乐购的高级管理层在目标业绩达成奖励的激励下，可能有动机实施会计操纵行为。

董事会中缺少 CFO 也是乐购公司治理的一大败笔。作为英国零售业龙头企业，乐购应具备无懈可击的会计政策和方案，以确保其会计报告正确且符合会计规则。此外，乐购 CEO Dave Lewis 就任新职仅两个月。这不由得让人质疑乐购董事会处理继任计划的方式，尤其是在管理层变动涉及更换关键高管的情况下。作为任何领导层变动的一部分，有效的继任计划可确保新的管理团队不会继承上一任管理团队的任何意外问题。乐购的案例似乎指向继任计划的问题，也可能与 Philip Clarke 意识到公司存在会计处理问题并辞职有关。

3.4　乐购事件的教训

大多数财务报告舞弊事件（如安然和世通事件）都始于微小，逐渐升级到隐藏不住，继而被曝光。乐购事件也是如此。一个关键问题是，为什么管理团队会忽视外部审计师提出的关于确认商业收益的危险信号？2014 年 5 月，普华永道就对乐购的商业收益问题表示了担忧，而审计委员会却认为这不是问题。如果董事会理会普华永道的担忧，就可以避免后续的乐购会计违规行为。

显然，乐购的外部审计师、审计委员会和董事会都未能阻止该公司披露假账。具体而言，审计委员会因其成员未发现乐购的会计违规行为而受到指责，至少出于两个原因。第一，审计委员会在定义审计独立性方面存在利益冲突。内部审计行业的持续发展趋势是日益融入被审计公司的业务流程（Alvero，2020 年），而这增加了过度融入管理团队的风险。乐购审计委员会的成员将自己视为管理团队的一部分，因此不愿意去为难自己的同事，从而牺牲了部分独立性。第二，审计委员会对乐购的内部控制系统了解不足。更重要的是，审计委员会应保持独立，通过定期召开高

---

① 请参见 https://www.fca.org.uk/publication/final-notices/tesco-2017.pdf/。

质量的会议来质疑审计师和管理团队，以确保公司的内部控制有效，而乐购的审计委员会却未能做到这一点。

谈及乐购的外部审计师，普华永道自 1983 年以来一直是乐购的外部审计师。这种非常长久的关系使监管机构担心双方之间的密切关系产生不利影响，显然，这段超过 30 年的关系确实产生了非常严重的不利影响。普华永道通过为乐购提供审计服务赚取了 1,040 万英镑，其中 360 万英镑是与咨询服务相关的费用（McKenna，2014年）。这种长久的关系使普华永道能够向乐购提供利润通常更高的其他服务，从而使这家会计师事务所能够更好地了解乐购的经营策略，包括其人事和财务政策。因此，普华永道被寄予厚望，认为其审计报告能够真实且公允地反映乐购的账目情况。但是，文献表明，当一家会计师事务所与其审计客户维持长期关系时，审计师通常会寻求能够支持而非质疑管理层主张的证据（Carey 和 Simnett，2006 年）。换言之，普华永道面临着一个审计悖论，即该审计师事务所与乐购的长期关系损害了审计师的独立性；因此，普华永道未能果断地质疑乐购的商业收益处理方式。不同的国家和地区有不同的审计独立性实施规则。例如，欧盟要求每十年强制轮换一次审计师。类似地，美国 2002 年出台的《萨班斯 - 奥克斯利法案》要求每五年轮换一次主审计师。英国竞争与市场管理局（CMA）于 2014 年发布了关于强制性审计招标和审计委员会责任的最终命令，以确保未来审计工作能更好地满足股东的需求。乐购案例中的关键事件见表 3.2。

表 3.2　乐购案例：关键事件

时间	描述
1919 年	Jack Cohen 从伦敦东区的一个市场摊位起步，成立了乐购
2007 年	乐购进入美国市场，并宣布其雄心勃勃的计划。Terry Leahy 爵士担任乐购 CEO 达 14 年。在他的领导下，乐购的税前利润从 1997 年的 7.5 亿英镑增至 2010 年 4 月的 34 亿英镑
2011 年	Terry Leahy 爵士辞去 CEO 一职，继任者为 Philip Clarke（《金融时报》，2010 年）。Philip Clarke 收购咖啡店、餐厅和数字业务，以扩展乐购的服务范围
2012 年	乐购在投入合计 10 亿英镑后退出美国市场（Williams，2012 年）。乐购面临来自英国市场上其他零售商日益激烈的竞争，尤其是市场份额不断增长的 Aldi 和 Lidl
2013 年	2014 财年，乐购在英国的市场份额降至 28.7%，为十年内的最低水平
2014 年	乐购宣布 Philip Clarke 于 2014 年辞去 CEO 一职，后由 Dave Lewis 继任
2014 年	2014 年 9 月 19 日，乐购总法律顾问向董事长和 CEO 报告了潜在的收益虚报问题
2016 年 9 月	SFO 指控三名前乐购高管（即 Chris Bush、John Scouler 和 Carl Rogberg）存在会计舞弊与伪造账目的刑事犯罪行为。审判在五个月后因 Carl Rogberg 心脏病发作而停止。重审被驳回，SFO 饱受指责（Taylor，2018 年）
2017 年 3 月	SFO 宣布乐购被罚款 1.29 亿英镑，并签订了一份涵盖会计违规刑事责任的 DPA
2017 年 3 月	FCA 宣布与乐购达成协议；该公司将补偿所有在发布伪造期中账目当年 8 月 29 日至 9 月 22 日期间购买乐购有价证券的投资者，金额为 8,500 万英镑

讨论问题

1. 对于导致乐购会计丑闻的各方，你会如何划分其责任？

2. 讨论审计师和客户之间可能出现的潜在利益冲突。

3. 讨论强制要求公司轮换审计师对整体审计质量的潜在影响。

4. 应该建立什么样的机制或程序来防止出现乐购这样的会计违规行为，或者至少让此类会计违规行为更难以实施？

5. 近年来，许多国家和地区的财务报告舞弊行为都有所增加。你认为在这些舞弊丑闻中，接受信托责任但未履行信托责任的个人是否违反了职业道德？

参考文献

Alvero, M. (2020). Avoiding bias in your internal audit program. *MISTI*. https://www.misti.a2hosted.com/internal-audit-insights/avoiding-bias-in-your-internal-audit-program/

Bergin, T. (2014). Tesco-style accounting risks well known in retail industry. *Reuters*. https://www.reuters.com/article/uk-tescoaccounting-idUKKCN0H I2DF20140923/

Butler, S., & Bowers, S. (2013). Britain's big supermarkets lose ground to cut-price rivals and upmarket grocers. *The Guardian*. https://www.theguardian.com/business/2013/nov/19/britain-supermarkets-market-share-fall-tesco-sainsburys-lidl

Carey, P., & Simnett, R. (2006). Audit partner tenure and audit quality. *The Accounting Review, 81*(3), 653–676.

Croft, J. (2017). Tesco 'whistleblower' testifies of pressure to meet targets. *Financial Times*. https://www.ft.com/content/04b97e82-a922-11e7-ab55-27219df83c97/

Davey, J. (2018). Britain's Tesco takes on discount rivals with new Jack's chain. *Reuters*. https://www.reuters.com/article/us-tesco-new-format-idUSKCN1L Z1OZ/

Dechow, P. M., Ge, W., Larson, C. R., & Sloan, R. G. (2011). Predicting material accounting misstatements. *Contemporary Accounting Research, 28*(1), 17–82.

Dost, P. (2019). The power of customer loyalty: Tesco & healthy eating. *Ikano Insight*. https://insight.ikano/the-power-of-customer-loyalty-tesco-healthy-eating/

Financial Conduct Authority. (2014). Final Notice for Tesco Stores Limited. P. 5.

Lee, A. (2016). How Tesco became the UK's biggest retailer (word-of-mouth). *ReferralCandy*. https://www.referralcandy.com/blog/tesco-marketing-strategy/

Martin, W. (2016). 3 former senior Tesco executives charged with fraud after the company overstated profits by £326 million. *Business Insider*. https://www.businessinsider.com/sfo-charges-former-tesco-executives-over-fraud-investigation-2016-9/

McKenna, F. (2014). Broader auditor disclosures shine light on Tesco fraud in UK. *Bull Market*. https://medium.com/bull-market/broader-auditor-disclosures-shine-light-on-tesco-fraud-in-uk-us-audit-firms-resist-similar-f1bd41e0e77c/

Narayanaswamy, R. (2018, December 18). Board Failures: Why audit committees aren't for the faint-hearted. *BQPrime*. Available at: https://www.bqprime.com/opinion/board-failures-why-audit-committees-arent-for-the-faint-hearted/

Neville, S. (2014). Lidl and Aldi pose 'biggest supermarket threat ever'. *The Independent*. https://www.independent.co.uk/news/business/news/lidl-and-aldi-pose-biggest-supermarket-threat-ever-9191275.html/

Reed, J., & Eley, J. (2020). Tesco agrees $10.6bn sale of Thai and Malaysian operations. *Financial Times*. https://www.ft.com/content/4c63ffb0-61b1-11ea-b3f3-fe4680ea68b5/

Reuters. (2017). Tesco's UK boss told 'word by word' of hole in accounts, court hears. *Reuters*. https://www.reuters.com/article/us-britain-tesco-fraud-idUSKBN1CB1QC/

Ruddick, G., & Kollewe, J. (2017). Tesco to pay £129 m fine over accounting scandal. *The Guardian*. https://www.theguardian.com/business/2017/mar/28/tesco-agrees-fine-serious-fraud-office-accounting-scandal/

Shadbolt, P. (2015). How the discounters are beating the supermarkets. *BBC News*. https://www.bbc.com/news/business-34315643

Sweet, P. (2015). Tesco checks out of 32-year audit relationship with PwC. *Accounting Daily*. https://www.accountancydaily.co/tesco-checks-out-32-year-audit-relationship-pwc

Taylor, J. (2018). Fraud trial of three ex-Tesco bosses abandoned after one defendant suffers heart attack. *Mirror*. https://www.mirror.co.uk/news/uk-news/fraud-trial-three-ex-tesco-11978218/

Tesco Group. (2014). *2014 annual report*. https://www.annualreports.com/HostedData/AnnualReportArchive/t/LSE_TSCO_2014.pdf/

Vasquez-Nicholson, J. (2013). *UK supermarket chain profiles 2013*. GAIN.

Warmoll, C. (2015). PwC's 32 year Tesco audit reign ends as Deloitte appointed. *Accountancy Age*. https://www.accountancyage.com/2015/05/11/pwcs-32-year-tesco-audit-reign-ends-as-deloitte-appointed/

Williams, H. (2012). US failure costs Tesco £1 billion as store calls time on American venture. *Independent*. https://www.independent.co.uk/news/business/news/us-failure-costs-tesco-ps1-billion-as-store-calls-time-on-american-venture-8386199.html/

Willmott, H. (2014). At Tesco everyone is at fault and no one to blame. *Financial Times*. https://www.ft.com/content/71118e80-4a20-11e4-bc07-00144feab7de/

第 4 章

大众汽车

总部位于沃尔夫斯堡的大众汽车是世界领先的汽车制造商之一，也是欧洲最大的汽车制造商。2015 年 9 月 18 日，曾获 "2009 年度最佳绿色发动机" 称号的大众汽车被曝长期违反职业道德和实施非法污染行为。大众汽车前首席执行官 Martin Winterkorn 于 2015 年 9 月辞职。此外，大众汽车同意对尾气排放丑闻认罪，并支付 43 亿美元的罚款；6 名大众汽车高管于 2017 年 1 月 11 日被提起指控。Winterkorn 于 2018 年 5 月 3 日在美国因欺诈和共谋被起诉。

国际清洁交通委员会、加利福尼亚空气资源局和美国环境保护局曝光大众汽车的非法操纵行为。管理团队的不道德和非法污染行为暴露了大众汽车双层制董事会结构的监督和管控不力，以及该公司缺乏道德文化、环境意识和企业社会责任相关理念。作为汽车制造行业最具竞争力的市场参与者之一，大众汽车的不道德行为震惊了整个汽车行业，损害了其全球品牌形象，严重动摇了各个国家和地区消费者的信心，还促使美国、欧洲和韩国的环境监管机构加大丑闻的调查力度。

4.1 背景

大众汽车于 1946 年成立于德国下萨克森州沃尔夫斯堡，是汽车行业领先的多品牌集团之一。该集团的业务包括汽车和金融服务。该集团在 5 个欧洲国家和地区拥有 10 个品牌：大众、大众商用车、斯柯达、西亚特、库帕、奥迪、兰博基尼、宾利、保时捷和杜卡迪。所有这些品牌都同属于汽车部门。

此外，大众汽车还拥有广泛的其他品牌和业务部门，包括金融服务。大众汽车的金融服务网络中包括经销商和客户融资、租赁、银行、保险以及车队管理。该集团的主要销售市场为西欧、中国、巴西、美国、俄罗斯和墨西哥。作为世界领先的汽车制造商之一，大众汽车享有良好的声誉和较高的品牌价值。大众汽车是公认的全球最值得信赖的公司品牌和最具社会责任感的公司之一。[⊖]

4.1.1　Winterkorn 和大众汽车的 "2018 年战略"

1993 年，Winterkorn 成为大众汽车质量保证部门的负责人。1994 年 3 月，他被任命为大众汽车总经理。2000 年 7 月，他成为大众汽车技术开发管理委员会成员。2007 年 1 月 1 日，他接替 Bernd Pischetsrieder 出任大众汽车 CEO。大众汽车的目标是在 2018 年超越丰田，这不仅是指销量，还包括盈利能力、创新、客户满意度等各个方面，[⊖]这被称为 "2018 年战略"。大众汽车将抽象的 "2018 年战略" 具体化为纯粹的数字。到 2018 年底，大众汽车的销量目标是超过 1,000 万辆。2009 年，大众汽车售出 633 万辆汽车。到 2018 年，大众汽车的税前净利率预计将超过销售额的 8%，实缴资本将达到利润的 16%（大众汽车 2011 年年报）。到 2018 年将工厂的环境效率提高 25% 只是一个目标。到 2018 年，大众汽车已投资近 600 亿欧元用于开发更高效的创新汽车和更环保的工厂。"2018 年战略" 成了大众汽车的信条。2010 年 1 月初，大众汽车中国区总裁 Winfried Vahland 表示，"基于我们在 2009 年的出色绩效，我们有信心实现 2018 年战略中关于销量翻番、达到 200 万辆的目标，从而超越原定目标"。[⊜]

但是根据大众汽车 2007—2014 年年报中业务发展部分的陈述，乘用车是大众品牌中最畅销的车型。2007 年到 2009 年，大众汽车平均约 58% 的汽车销量来自欧洲，33% 来自亚太和南美地区，大众汽车在高度成熟且竞争激烈的美国乘用车市场中，仅占有 8% 的份额（见表 4.1）。

⊖ https://www.forbes.com/sites/jacquelynsmith/2013/10/02/the-companies-with-the-best-csr-reputations-2/?sh=4b856af234ff。

⊜ https://www.theguardian.com/business/2009/mar/12/vw-four-day-week-carmakers-crisis?CMP=gu_com。

⊜ https://www.thetruthaboutcars.com/2010/02/volkswagen%E2%80%99s-strategy-2018-with-generous-support-from-gm-and-toyota/。

4.1.2 排放测试

表 4.1 显示，研究期间大众汽车的车型在亚太市场尤其受欢迎。这种差异的原因似乎在于美国和欧洲实施不同的发动机排放标准。美国监管机构针对汽车排放设定的排放测试标准比欧洲更严格。EPA 在 2004 年实施了更严格的 LEV-II 排放标准。

表 4.1　大众汽车在不同市场的交付销量　　　　　　　　单位：1,000 欧元

地区	2007 年	2008 年	2009 年	2010 年	2011 年	2012 年	2013 年	2014 年
欧洲（西欧、中欧和东欧）	3,760	3,705	3,492	3,599	3,991	4,053	4,201	4,392
北美	530	503	468	550	668	843	891	893
南美和南非	845	876	826	908	933	1,082	992	795
亚太	1,052	1,172	1,550	2,145	2,577	3,181	3,647	4,058
合计	6,187	6,256	6,336	7,202	8,169	9,159	9,731	10,138

资料来源：大众汽车 2007—2014 年年报中的业务发展部分。
注：大众汽车的总体市场包括乘用车和轻型货车市场。

EPA Tier 2/Bin 5 排放标准和加利福尼亚州 LEV-II ULEV 标准都要求发动机在整个使用寿命期间的氮氧化物排放量不得超过 0.043 g/km（0.07 g/mile），根据车辆和认证选择方案，使用寿命被定义为 190,000 km（120,000 mile）或 240,000 km（150,000 mile）。相比之下，当代欧洲标准为 Euro 5 和 Euro 6，将氮氧化物排放量分别限制在 0.18 g/km（0.29 g/mile）和 0.08 g/km（0.13 g/mile）。

2004 年以来，美国的排放标准愈加严格，大众汽车的柴油机技术难以达到这些标准。此外，与通用汽车和丰田等美国和日本汽车制造商相比，大众汽车 2008 年之前在汽油动力汽车领域没有太多创新或出色的混合动力技术。基于当时的技术，大众汽车必须支付高额专利许可费才能生产出符合标准的乘用车。这些因素都可能导致大众汽车无法扩展其美国柴油车市场。

4.1.3 "绿色清洁柴油"发动机

为了实现"2018 年战略"中设定的目标，2009 年，大众汽车将精力和资源都集中投入到欧洲热销的低排放标准柴油车上。但是，柴油车实现清洁排气是一个成本高昂的过程，美国对柴油乘用车的排放标准是世界上最严格的。根据大众汽车 2009 年年报：

在市场中引入清洁柴油技术和 1.6L TDI 共轨发动机，使我们在 2009 年达到了柴油发动机的重要里程碑，这将确保我们在柴油发动机开发领域保持创新领导者的地位……柴油发动机的吸纳量往往较低。卓越的燃油经济性，加上出色的驾驶特性和低排放……我们再次向欧洲市场展示了先进柴油发动机的卓越特性。（第 178 页）

大众汽车试图设计出既能满足严格的 EPA 排放法规又不牺牲性能或燃油效率的发动机，以此来保持竞争力（Valentini 和 Kruckeberg，2018 年）。为了在美国市场上击败最大的竞争对手——日本丰田，大众汽车推出了"清洁柴油"发动机，这似乎是汽车行业的新突破。2008 年，大众汽车在美国推出了"新柴油"发动机，并于 2009 年在洛杉矶车展上首次获得"年度绿色汽车"奖。出色的燃油经济性、令人印象深刻的驾驶特性和低排放特点，使大众汽车在 2015 年 7 月成为全球销量最高的汽车制造商。[○]

但在 2015 年 9 月 18 日，大众汽车引起了 EPA 的注意。EPA 公开声明大众汽车在此前的监管排放测试中安装了"减效装置"，从而违反了美国《清洁空气法案》。大众汽车美国分公司公司通讯经理 Jeannine Ginivan 在给《今日美国》的电子邮件回复中解释说，大众汽车的目标是实现质量增长，而非简单地成为销量冠军。而随着美国 EPA 发布声明，这句话变成了一个笑话。为了拿下美国市场，大众汽车似乎故意改装了多款汽车的发动机，以欺骗美国环境监管机构。

4.1.4　大众汽车排放丑闻的爆发

大众汽车陷入困境的先兆出现在 2014 年 3 月。CARB 委托 ICCT 研究该公司在欧洲和美国市场出售的车辆的排放差异，从 3 个来源收集了 15 辆汽车的数据。西弗吉尼亚大学的五名科学家组成的团队在道路测试中发现，三分之二的柴油车的排放量水平不同。在实验室和道路上分别对大众汽车的柴油发动机进行测试后，发现车辆正常行驶时的排放量比实验室测试结果高 15 ~ 35 倍（Schiermeier，2015 年）。西弗吉尼亚大学的科学家没有识别出发动机控制软件装置，但在 2014 年 5 月向 EPA 和 CARB 提交的一份研究报告中报告了他们的发现。经过长达一年的调查，他们发现在排气测试台上测试时，汽车发动机中的减效装置支持激活废气排放控制系统，

○ https://www.usatoday.com/story/money/2015/07/28/volkswagen-surpasses-toyota-worlds-largest-automaker-first-half-2015/30772509/。

从而显著减少了污染物（如氮氧化物）的排放量。而当汽车在道路上行驶时，废气排放控制系统被停用以优化发动机性能（发动机控制软件装置的功能见图 4.1）。

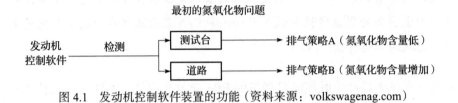

图 4.1　发动机控制软件装置的功能（资料来源：volkswagenag.com）

4.1.5　大众汽车的最初回应

面对 CARB 公布的实验结果中揭露的车辆排放差异问题，大众汽车拒不承认排放水平不一致问题，并试图以谎言搪塞过去。2014 年 12 月，大众汽车在美国召回约 50 万辆汽车，声称软件故障导致了排放问题，并采用了软件补丁。大众汽车这场虚假的汽车召回行为，看似要解决问题，实则在努力完善其作弊软件（Davenport 和 Ewing，2015 年）。

当时大众汽车一直在与 CARB 进行讨论，并与 EPA 进行协调。在讨论过程中，大众汽车回避了监管机构正在调查的技术问题，防止其发现真相。CARB 继续测试了修复后的汽车，发现并无明显改善。2015 年 7 月，CARB 和 EPA 通知大众汽车，奥迪 TDI 2016 年款必须符合排放标准，否则不会授予认证。根据 CARB 时任副主任 Alberto Ayala 在 Netflix 关于大众汽车排放丑闻的纪录片《肮脏的钱》中的说法，大众汽车消极回避了 16 个月之久。EPA 发布强制令后，大众汽车仍拒不认罪。2015 年 9 月，大众汽车仍无法解释测试结果，最终承认这些汽车经过专门设计，以提供不准确的排放测试结果。2015 年 9 月 23 日，大众汽车 CEO Martin Winterkorn 发表声明，称对此事负责并引咎辞职。但在此声明发表之后，大众汽车最初仍无人承担责任，尤其是 Winterkorn——他否认对故障装置知情。

大众汽车监事会成员、下萨克森州经济部长 Olaf Lies 表示，允许这种情况发生或者决定安装这种软件的人已构成犯罪，必须为此承担个人责任。[一]公司通信和投资者关系负责人 Hans-Gerd Bode 表示，大众汽车初级职位的员工没有参与测试作弊行为，但最终美国司法部宣布，大众汽车的大量管理层和非管理层员工参与了柴油车排放事件（Rawlinson，2017 年）。2015 年 9 月 28 日，大众汽车宣布核心品牌大众

一　https://www.bbc.com/news/business-34397426。

品牌的品牌发展负责人 Heinz-Jakob Neusser、奥迪品牌研发负责人兼大众集团技术开发监管负责人 Ulrich Hackenberg 以及 Wolfgang Hat 停职。除了对该事件进行内部调查，大众汽车监事会还聘请了一家美国律师事务所进行独立调查。数据处理行业的领先行业刊物《计算机世界》建议使用软件审计跟踪和测试日志来调查 2015 年 9 月 23 日发生的这类事件。大众汽车新任 CEO Matthias Muller 宣布，处于全球丑闻漩涡中心的柴油汽车将于 2016 年底前实现标准化。

4.1.6　早期预警

这次丑闻事件并不是大众汽车第一次回避排放测试。1973 年，大众汽车使用温度传感装置来关闭车辆的排放控制系统。当时大众汽车以 12 万美元的代价与 EPA 达成和解，但拒不承认有任何不当行为。2005 年，一些大众汽车的员工想购买梅赛德斯 – 奔驰 BlueTEC 技术的部件以减少污染，但遭到拒绝，这促使他们转而开发当前的系统。2008 年，大众汽车在发现其发动机不符合许多国家和地区的污染标准后开始使用基于软件的减效装置。2012 年 3 月 22 日，《汽车画刊》报告⊖称该装置是耗费公司大量资源新开发的柴油发动机。大众汽车在美国将这种发动机作为环保型"清洁柴油"发动机出售。Robert Bosch 早在 2007 年就警告大众汽车，该软件仅可用于公司测试，不得用于正常驾驶（Sorokanich，2015 年），但是大众汽车对此未予理会。

4.1.7　大众汽车排放丑闻的影响

2015 年 9 月 22 日，大众汽车德国和美国分公司高管正式向 EPA 和加利福尼亚州官员承认其欺诈行为。大众汽车高管在一次电话会议中详细描述了排放欺诈行为，向与会者提供了书面文件，并说明了大众汽车的柴油发动机软件如何骗过 EPA 的排放测试。大众汽车承认在美国市场的 50 万辆汽车和全球市场的 1,100 辆汽车的发动机中安装了非法作弊软件。消息传出后的第一个工作日，大众汽车股价下跌 20%，第二天又下跌了 17%，市值损失近 200 亿欧元（Mačaitytė 和 Virbašiūtė，2018 年）。

图 4.2 为股票市场对大众汽车排放丑闻的反应。排放丑闻爆发后，大众汽车面临 180 亿美元的赔偿支出和 65 亿美元的潜在支出。大众汽车管理层被起诉，美国司法部对此展开刑事调查。2015 年，大众汽车午总收入净值暴跌至负 17.56 亿美元（见

⊖　21article/2985283/a-diesel-whodunit-how-software-let-vw-cheat-on-emissions.html。
⊖　https://www.autobild.de/artikel/vw-tsi-motorschaeden-3342557.html。

图 4.3）。排放丑闻给大众汽车带来了严重的财务问题，召回车辆导致的损失达 17 亿欧元，这一数字还不包括罚款、罚金或赔偿。丑闻发生后的最初两个月里，大众汽车市值下跌了 40%，穆迪投资者服务公司将大众汽车的信用评级从 A2 下调至 A3。⊖穆迪投资者服务公司表示，已根据大众汽车的长期无担保债务、短期债务（通常通过各类商业票据体现）以及由其金融部门发行并由该公司担保的次级票据下调其评级。⊖

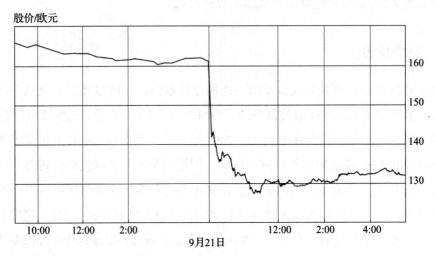

图 4.2 股票市场对大众汽车排放丑闻的反应（资料来源：marketwatch.com）

图 4.3 大众汽车 2005—2020 年年总收入净值（资料来源：macrotrends.net）

⊖ https://www.barrons.com/articles/volkswagens-credit-outlook-worsens-1446669425。

⊖ https://www.businesstoday.in/auto/story/moodys-downgrades-volkswagen-due-to-emissions-scandal-56311-2015-11-05。

2015 年 9 月 25 日，Matthias Muller 被任命为大众汽车新任 CEO。受 2015 年柴油车丑闻的影响，当时大众汽车受到近 1,100 万名车主的抨击，因此他的一举一动都受到密切关注。出任 CEO 之前，Muller 在保时捷取得了多年的成功，有口皆碑。但此时他需要克服诸多障碍，重建大众汽车在环保方面的声誉，并恢复消费者、员工、政府监管机构和公众的信心。此外，他还要制定策略，以在竞争激烈的国际行业中继续提高公司的销售额。

4.2　大众汽车的公司治理问题

4.2.1　管理委员会不作为

受丑闻影响，大众汽车不得不召回约 1,100 万辆 2008 年生产的大众柴油车。据报道，六名管理层人员因参与非法和欺诈行为而被停职（Tabuchi 等，2017 年）：大众品牌董事会成员兼发动机开发负责人 Heinz-Jakob neusser；大众汽车发动机开发后处理负责人 Richard doren kamp；大众汽车质量管理主管 Bernd Gottweis；大众品牌发动机开发负责人 Jens Hadler；大众汽车认证工作人员 Jürgen Peter；以及大众汽车美国分公司合规部负责人 Oliver Schmidt。[一]正如美国司法部长 Loretta Lynch 所言，"所有这些人都在大众汽车担任要职，包括公司发动机开发部门的监管人员，以及管理委员会的成员"，并补充称这些人严重滥用职权。[二]大众汽车董事会最初将这一渎职丑闻归咎于少数居心不良的员工，声称他们未将真相告知监事会和管理委员会。

2014 年，大众汽车的管理团队成员见表 4.2。大众汽车的新任 CEO Matthias Muller 表示，只有少数开发人员而非高层管理团队成员对大众汽车的减效装置知情。四名员工已被停职，其中包括三名负责发动机开发的高级经理，而第四名员工已退休。[三]但在 2016 年 2 月，一份写给 Winterkorn 的备忘录被发现了，其撰写时间远远早于西弗吉尼亚大学的研究人员发现减效装置的时间。这解释了为什么该公司当时无法向主管部门解释测试结果。纽约州前司法部长、检察官 Eric Schneiderman 指出，"数百名高管和工程师对此知情。我们查看的电子邮件中，却没有任何人说或许

[一] https://www.ft.com/content/36ab8aec-d8e5-11e6-944b-e7eb37a6aa8e。

[二] https://www.theguardian.com/business/2017/jan/11/six-volkswagen-executives-charged-with-overemissions-cheating。

[三] https://www.wired.co.uk/article/vw-recall-vehicles-emissions-scandal。

我们不应该这样做，或者说这是非法的，或者试图阻止非法行为"。[⊖]Winterkorn 对排放问题知情，并在 2014 年 11 月监督进行了一次软件更新，那次更新可能正是意在隐藏设置。

表 4.2　大众汽车董事会

姓名	董事会职责划分
Martin Winterkorn	董事长，分管研发
Rupert Stadler	董事长，分管奥迪
Christian Klingler	分管销售和营销
Horst Néumann	分管人力资源和组织
Jochem Heizmann	分管中国分公司
Francisco Javier Garcia Sanz	分管采购
Hans Dieter Potsch	分管财务和控制
Leif Ostling	分管商用车（至 2015 年 2 月）
Andreas Renschler	分管商用车（Andrens Renschler 于 2015 年 2 月 1 日成为大众汽车董事会成员）

资料来源：大众汽车 2014 年年报。

根据现有信息，董事会成员对大众汽车员工的非法行为知情，但仅专注于设定"2018 年战略"的目标，而不是如何处理这个问题。看起来他们可能忽略了任何影响"2018 年战略"目标达成的问题。首先，美国实施的废气排放标准更为严格，因此符合欧洲标准的大众汽车要投资占领美国市场，必定要投入大量资金。纵观 2014 年不同制造商的营业收入和净收入（见表 4.3），可以看出丰田的年营业收入比大众汽车要低约 120 亿美元，而年净收入却比大众汽车要高约 35 亿美元。也就是说，大众汽车并不需要增加营业收入，因为按照丰田的盈利能力来计算，它仍有近 160 亿美元的利润空间。从利润驱动角度来看，大众汽车内部的管理人员或员工即使发现了非法行为，可能也没有足够的动机去阻止。事实上，管理人员往往把自己的利益放在首位，而将诚实、合规等法律和道德标准以及公共利益抛于其后。其次，大众汽车的工程师和高管过分专注于满足技术标准，让大众汽车获得成功，完全忘记为公司开发这种装置的道德底线。因此，商业道德准则对一家公司来说至关重要。Li 等（2018 年）认为，清洁生产技术不仅是技术进步和研究的成果，还牵涉与公司治理和商业发展相关的问题。

⊖　https://www.nytimes.com/2016/07/20/business/international/volkswagen-ny-attorney-general-emissions-scandal.html。

表 4.3　汽车制造商排名（按汽车产量）

排名	制造商	汽车产量 /辆①	年营业收入 /百万美元	年净收入 /百万美元	国家
1	丰田	10,475,338	256,919	18,231	日本
2	大众汽车	9,894,891	269,127	14,713	德国
3	通用汽车	9,609,326	155,900	2,800	美国
4	福特汽车	5,969,541	144,077	1,231	美国
5	日产汽车	5,097,772	104,825	4,400	日本

资料来源：大众汽车 2014 年年报。
① https://www.oica.net/wp-content/uploads//Ranking-2014-Q4-Rev.-22-July.pdf。

大众汽车的高管薪酬激励也可能与其出现合规问题有关。2014 年，前 CEO
Martin Winterkorn 的年薪为 1,830 万美元，其中只有 230 万美元（12.6%）属于固定
薪资。高管薪酬还与许多因素挂钩，如销售增长情况、客户满意度、营业利润以及
员工生产率和满意度，这些都与大众汽车"2018 年战略"的最终目标相契合。因
此，大众汽车的管理团队对丑闻具有不可推卸的责任。大众汽车监事会在内部调查
后得出以下结论：董事长 Winterkorn 未能充分、及时地澄清非法软件功能的使用，
因此未能履行他的勤勉义务；Winterkorn 也未能确保美国主管部门就此提出的问题
得到真实、充分的回答；排放丑闻的发生及其发现的延误是大众汽车管理层未能阻
止甚至还掩盖其员工的非法行为造成的（Boston，2015 年）；大众汽车高管应对其员
工的非法行为负责。

4.2.2　监事会未能发挥监督作用

大众汽车采用的是由两个独立董事会（即董事会和监事会）组成的双层制董事
会结构，其中监事会主要监督公司的管理和运营。根据大众汽车 2014 年年报，当年
的监事会由相同数量的股东和员工代表组成。具体而言，监事会成员包括 Porsche-
Piëch 家族（五个席位）、下萨克森州代表（两个席位）和 Qatar Investment Holding
（两个席位）。但是这些股东合计持有近 90% 的投票权。瑞典银行 SEB 的 CEO
Annika Flakengren 是监事会唯一的独立成员，持有约 10% 的投票权。

EPA 报告（2015 年）指出，大众汽车监事会未能回答 CARB 提出的问题。此
外，很明显，即使 CARB 2014 年发现了测试结果的差异，监事会成员也会决定回避
排放问题。Bryant（2015 年）指出，大众汽车的主要弱点在于其监事会缺乏意见和
专业知识的多样性，其中大多数董事都是其三大股东和 Porsche-Piëch 家族的代表。
例如，前幼儿园教师、Piëch 先生的妻子 Ursula Piëch 曾是监事会的成员。看起来，

监事会缺乏具有相关经验和技能的人员。更重要的是，Flakengren 仅持有约 10% 的投票权，这说明独立董事无法通过其手握的少数投票权表达自己的意见，以此质疑管理层的观点。

直到丑闻发生后，大众汽车监事会才成立了一个特别委员会，旨在协调所有与排放相关的活动。大众汽车聘请了美国律师事务所 Jones Day 对柴油车问题进行了独立、全面的外部调查。大众汽车监事会主席 Hans Dieter Pötsch 在 2015 年 12 月的一次新闻发布会上确认了柴油车排放丑闻的发生过程（Boston 等，2015 年）。监事会对这场危机没有给予足够的重视，而且花了太长时间来做出回应。因此，可以说监事会未能有效地实施监督和履行职责。

4.2.3　检举系统的失效

大众汽车检举系统的失效也导致其无法及时阻止丑闻的爆发。《新闻周刊》（*Newsweek*）透露，大众汽车的工程师和技术人员早在 2011 年就试图向上级发出关于排放操纵的警告，但都被忽视了。[①]对外和投资者关系负责人 Hans Geldebold 告诉《新闻周刊》："我们接到了一些投诉，投诉人称自己已试着就此事警告公司，我们的外部调查人员正在调查此事。"大众汽车的外部调查方 Jones Day 律师事务所对此不置可否。大众汽车官网发布的一份通知显示，大众汽车于 2017 年 11 月 1 日重组了内部报告系统。大众汽车内部检举系统的失败暴露了其公司治理内部控制的某些缺陷，这也是其未能及时发现员工违规行为的原因之一。

4.2.4　监管机构的疏忽

大众汽车的不道德和非法行为多年来一直未被美国环境监管机构发现。如果没有 ICCT 这样的独立非营利组织，大众汽车的欺诈行为可能永远不会被发现。ICCT 向环境监管机构提供技术和科学分析，并由气候工程基金会、威廉和弗洛拉·休利特基金会、能源基金会以及大卫和露西·帕卡德基金会资助。因此，EPA 作为美国环境监管机构可能也要对此丑闻事件承担部分责任。

首先，EPA 的监管疏忽导致大众汽车的不道德和非法行为长期未被发现。在 2018 年 5 月发布的一份报告中，EPA 解释称其未能早些发现大众汽车的欺诈行为，是因为

---

① https://www.newsweek.com/2015/12/25/why-volkswagen-cheated-404891.html。

轻型柴油车在美国轻型车市场所占的份额很小，因此无须实施特别的监管。环保组织此前曾警告美国汽车主管部门和欧盟委员会，大众柴油车在官方实验室测试中的氮氧化物排放量远低于在道路上的排放量。⊖总之，美国和欧洲的监管体系都严重依赖参与安全和排放测试的公司。但在大众汽车丑闻事件中，监管机构的行动不够迅速。

其次，EPA 的审计测试程序存在一些问题。EPA 依靠标准测试周期，而没有额外的控制手段来测试大众汽车复杂的减效装置。几十年来，EPA 公布的燃油经济性和排放数据几乎跟日常道路驾驶扯不上什么关系。在某些情况下，EPA 依赖汽车制造商提供的信息，而这些信息最终被证明具有误导性或是虚假信息。在过去的 20 年里，EPA 的排放测试方法基本没有变化。2015 年丑闻发生后，环境保护部的 Daniel Dalton 对排放丑闻做出了唯一的立法回应，确保汽车在其整个使用寿命期间都在道路上进行测试。

在西弗吉尼亚大学、CARB 和 ICCT 的帮助下，大众汽车的柴油车排放欺诈行为才终于被曝光。

4.3　大众汽车丑闻的教训

大众汽车涉及排放欺诈的车辆是其 2009 年生产的柴油车，而该丑闻直到 2015 年才被曝光。据英国广播公司（BBC）2015 年 12 月 10 日的报道，不择手段的大众汽车工程师安装了减效装置，以隐藏真实驾驶条件下柴油发动机的氮氧化物排放量。⊜大众汽车管理层未能及时发现和阻止员工的不道德和非法污染行为。基于大众汽车内部调查的结果，董事会确实玩忽职守。监事会的职责之一是监督和检查公司的董事会、经理及其他管理人员在履行职责时是否违反法律、法规或公司章程，如果出现有争议的行为，监事会还应负责要求董事和经理纠正有损公司利益的行为。在大众汽车丑闻事件中，监事会未能履行其监督职责。

家族成员占半数的监事会结构（Gordon，2016 年）可能不利于监事会履行监督管理层决策和行为的职责。德国政府公司治理准则委员会成员 Christian Strenger 建议 Porsche-Piëch 家族、下萨克森州代表和 Qatar Investment Holding 让出其半数的监事会席位，使大众汽车恢复信誉，并作为恢复正常运营的前提条件（McAleer，2016

⊖　http://www.transportenvironment.org/sites/te/files/media/T&E%2098-3_0.pdf。
⊜　https://www.bbc.com/news/business-34324772。

年）。此外，2016 年丑闻爆发之前，大众汽车尚未建立可持续发展委员会。这种类型的委员会有助于实现可持续发展和社会责任的战略主题，并监督公司的合规、可持续供应链活动以及可持续运输和环境保护。在内部控制方面，大众汽车的高级管理人员都对涉及减效装置的任何不当行为不知情，这使公司无法及时处理危机以帮助纠正这种情况。对于如此重大的问题，大众汽车应实施全面的监督和报告系统，以提醒员工在面对这种情况时，可以及时采取行动以避免问题升级。还有一个可能需要改进的部门是人力资源部。公司在招聘参与设计和执行的人员时应谨慎小心，以防发生欺诈行为。缺乏 CSR 理念并愿意参与此类丑闻的管理人员或员工是不会遵守公司的道德标准的。大众汽车可引入更严格的招聘程序，避免雇用不符合公司道德标准的人员。

负责任的公司通过确保公司目标与利益相关者的利益、环境责任和合乎道德的商业行为保持一致，来创造经济和社会价值。在这起丑闻事件中，或许大众汽车的工程师和高管为了公司取得成功而过度专注于满足技术标准，不惜铤而走险为公司开发欺诈性装置，完全将道德抛之脑后。每个部门可设置不同的联络点，这将有助于将可持续发展目标转化为实践，从而提高员工的责任和道德意识（Siano 等，2017 年）。

同样值得一提的是，截至 2008 年，EPA 因其玩忽职守而一直未能察觉大众柴油车的欺诈性排放问题。EPA 应与监管伙伴 CARB 和其他非营利监管机构一起制定关于共享信息的协议。更重要的是，环境监管体系若严重依赖公司参与实验室安全和排放测试，则会漏洞百出。环境监管机构应强化和改进其监测系统，并根据监管标准执行更详细的测试。大众汽车案例中的关键事件见表 4.4。

表 4.4　大众汽车案例：关键事件

时间	描述
1993 年	Ferdinand Piëch 辞去大众汽车 CEO 一职，并于 2002 年成为监事会主席
2007 年	Martin Winterkorn 向大众汽车监事会介绍了"2018 年战略"的主要内容
2009—2015 年	大众柴油车在美国销量反弹，其"清洁柴油"发动机赢得多项环保奖并享受税收减免
2014 年 5 月	ICCT 发现大众柴油车在正常行驶条件下的氮氧化物排放水平远远高于美国法律允许的水平
2015 年 9 月 18 日	EPA 发布公告，宣称大众汽车违反了美国《清洁空气法案》
2015 年 9 月	大众汽车予以回应，承认其软件设计用于测试作弊，并公开道歉。大众汽车 CEO Martin Winterkorn 引咎辞职
2015 年 9 月 29 日	大众汽车宣布计划召回和改装多达 1,100 万辆受排放丑闻影响的汽车
2017 年 1 月 11 日	大众汽车同意对关于排放丑闻的指控认罪，并支付 43 亿美元的罚款。六名大众汽车高管被起诉

讨论问题

1. 根据德国《公司法》，所有上市公司必须建立双层制董事会结构，包括一个监事会和一个董事会。在这一董事会结构下，大众汽车仍爆发了丑闻。讨论双层制董事会结构的优点和缺点。

2. 作为排放丑闻中的环境监管机构，EPA 的职责是什么？ EPA 应该被追责吗？

3. 为什么 EPA 未能发现大众汽车的排放欺诈行为，而 ICCT 能够揭露丑闻？分析 ICCT 在这起丑闻中的作用。

4. 2011 年，一名大众汽车技术人员投诉公司在排放测试中作弊的行为，但未得到任何回应。既然这一违法行为始于 2007 年，那么为什么直到 2015 年才发现真相？

5. 未来大众汽车可如何完善公司治理机制，防止类似危机再次发生？

参考文献

Auto Guide. (2009). 2009 International engine of the year winners announced. *Auto Guide*. Available at: https://www.autoguide.com/autonews/2009/07/2009-international-engine-of-the-year-winners-announced.html

Boston, W. (2015, September 23). Volkswagen CEO resigns as car maker races to stem emissions scandal. *The Wall Street Journal*, Available at: https://www.wsj.com/articles/volkswagen-ceo-winterkorn-resigns-1443007423

Boston, W., Varnholt, H., & Sloat, S. (2015, December 10). Volkswagen blames 'chain of mistakes' for emissions scandal. *The Wall Street Journal*, Available at: https://www.wsj.com/articles/vw-shares-up-ahead-of-emissions-findings-1449740759

Bryant, C. (2015, October 04). Boardroom politics at heart of VW scandal. *Financial Times*, Available at: https://www.ft.com/content/e816cf86-6815-11e5-a57f-21b88f7d973f

Davenport, C., & Ewing. J. (2015, September 18). VWIs said to cheat on diesel emissions; U.S. to order big recall. *The News York Times*, Available at: https://www.nytimes.com/2015/09/19/business/volkswagen-is-ordered-to-recall-nearly500000-vehicles-overemissions-software.html

Ewing. J. (2015, September 23). Volkswagen C.E.O. Martin Winterkorn resigns amid emissions scandal. *The News York Times*, Available at: https://www.nytimes.com/2015/09/24/business/

Gordon, S. (2016, May 18). VW's board needs to look in the mirror. *Financial Times*, Available at: https://www.ft.com/content/76ba9a3e-1c42-11e6-b286-cddde55ca122/

Li, L., McMurray, A., Xue, J., Liu, Z., & Sy, M. (2018). Industry-wide corporate fraud: The truth behind the Volkswagen scandal. *Journal of Cleaner Production, 172*, 3167–3175.

Mačaitytė, I., & Virbašiūtė, G. (2018). Volkswagen emission scandal and corporate social responsibility—A case study. *Business Ethics and Leadership, 2*(1), 6–13.

McAleer, M. (2016, January 20). Majority still loyal to VW despite emissions scandal. *The Irish Times*, Available at: https://www.irishtimes.com/life-and-style/motors/majority-still-loyal-to-vw-despite-emissions-scandal-1.2498516/

Rawlinson, K. (2017, January 11). Six Volkswagen executives charged with fraud over emissions cheating. *The Guardian*, Available at: https://www.theguardian.com/business/2017/jan/11/six-volkswagen-executives-charged-with-overemissions-cheating

Schiermeier, Q. (2015). The science behind the Volkswagen emissions scandal. https://doi.org/10.1038/nature.2015.18426

Siano, A., Vollero, A., Conte, F., & Amabile, S. (2017). "More than words": Expanding the taxonomy of greenwashing after the Volkswagen scandal. *Journal of Business Research, 71*(1), 27–37.

Sorokanich, B. (2015). Report: Bosch warned VW about diesel emissions cheating in 2007. *Car and Driver*, Available at: https://www.caranddriver.com/news/a15351548/report-bosch-warned-vw-about-diesel-emissions-cheating-in-2007/

Tabuchi, H., Ewing, J., & Apuzzo, M. (2017, January 11). 6 Volkswagen executives charged as company pleads guilty in emissions case. *The News York Times*, Available at: https://www.nytimes.com/2017/01/11/business/volkswagen-diesel-vw-settlement-charges-criminal.html?_r=0

The International Council on Clean Transportation. (2015). EPA's notice of violation of the Clean Air Act to Volkswagen. *icct.org*, Available at: https://theicct.org/news/epas-notice-violation-clean-air-act-volkswagen-press-statement.

The United States Department of Justice. (2017, January 11). Volkswagen AG Agrees to Plead Guilty and Pay $4.3 Billion in Criminal and Civil Penalties; Six Volkswagen Executives and Employees are Indicted in Connection with Conspiracy to Cheat U.S. Emissions Tests. Available at: https://www.justice.gov/opa/pr/volkswagen-ag-agrees-plead-guilty-and-pay-43-billion-criminal-and-civil-penalties-six

Valentini, C., & Kruckeberg, D. (2018). 'Walking the environmental responsibility talk' in the automobile industry: An ethics case study of the Volkswagen environmental scandal. *Corporate Communications: An International Journal., 23*(4), 528–543. https://doi.org/10.1108/CCIJ-04-2018-0045

Volkswagen. (2015, December 10). The Volkswagen group is moving ahead: Investigation, customer solutions, realignment. *volkswagenag.com*, Available at: https://www.volkswagenag.com/presence/investorrelation/publications/presentations/2015/12-december/2015_12_10_Pr%C3%A4sentation%20PK_Final_ENG.pptx%20-%202015_12_10_Pr%C3%A4sentation+PK_Final_ENG.pdf

第 5 章

Wirecard

Wirecard 是德国金融科技（FinTech）巨头，提供电子支付处理服务，业务遍布世界各地。作为欧洲最大的 FinTech 公司，该公司被视为欧洲版的"支付宝"。2020年 6 月 25 日，Wirecard 申请破产，在此之前，该公司自曝其资产负债表上 19 亿欧元现金不翼而飞。在历经十多年的谎言和系统性舞弊后，其高级管理层终于在 2020年因此事被捕。Wirecard 的首席执行官 Markus Braun 于 2020 年 6 月 19 日宣布辞职，并于 6 月 23 日因涉嫌伪造账目和操纵市场而被捕。该公司的首席运营官 Jan Marsalek 于 6 月 22 日被解雇，并于 6 月下旬失踪。他目前仍然是德国警方通缉的逃犯。

Wirecard 丑闻还暴露了该公司审计师安永会计师事务所的失职——安永曾担任其审计师超过十年。Wirecard 的问题也重创了遭受巨额亏损的机构投资者和银团贷款方的信心。媒体将 Wirecard 丑闻称为"德国安然事件"，因为这起丑闻与安然事件一样，暴露了国家乃至地区层面公司治理、审计和财务监督方面的重大缺陷。Wirecard 丑闻暴露的缺陷可能促使德国乃至整个欧洲未来重建其财务监管模式和会计监督体系（Jo 等，2021 年）。

5.1　Wirecard 的兴衰

1999 年，Wirecard 成立于德国慕尼黑，起初是一家金融服务提供商，主要为博彩和色情网站收取信用卡付款提供支持服务。2002 年，当 Wirecard 在互联网泡沫结束时几近破产，需要新的开始时，前毕马威顾问 Markus Braun 接任 CEO，将 Wirecard 与其位于慕尼黑的竞争对手 Electronic Business Systems 合并。2005 年，Wirecard 反向收购一家在法兰克福证券交易所上市的呼叫中心集团 Info Genie，成功借壳上市。这一操作使 Wirecard 得以避开首次公开募股（IPO）的正常审查。2006 年，Wirecard 通过收购 XCOM 银行进军银行业，并从 Visa 和 Mastercard 获得了发行借记卡和信用卡的许可证。久而久之，Wirecard 发展成为跨多个领域运营的混合复合型公司。

作为欧洲领先的 FinTech 公司之一，Wirecard 与色情和博彩产业的长期合作关系一直备受争议并损害了公司声誉。Wirecard 早年间作为博彩和色情产业的金融服务提供商，而且参与疑似洗钱的活动，这些过往表现都应视为该公司道德水准的危险信号（Rubio，2020 年）。进入银行业后，Wirecard 继续为色情和博彩产业提供服务。2017 年，Wirecard 向约 4,000 家色情和成人交友网站提供支付和广告服务，并收取交易额的 15% 作为服务费，这远高于同行收取的 3%，因此被指控洗钱。

2010 年，Braun 的奥地利同事 Jan Marsalek 被任命为 COO。在他们的领导下，Wirecard 开始进行积极的国际市场扩张，在德国、都柏林和迪拜都建立了公司基地。2011 年至 2014 年间，Wirecard 向股东募集了 5 亿欧元以加快海外收购步伐。需要注意的是，Wirecard 在东南亚的扩张是通过复杂的第三方交易和第三方保管账户来实现的。该公司在新加坡设立了区域总部，并收购了印度支付服务公司 GI Technology。2017 年，Wirecard 收购了花旗银行在亚洲 11 个国家和地区的支付处理操作业务，使其成为家喻户晓的跨国公司，为金融商务提供数字平台。但是现在回过头来看，会发现 Wirecard 的财务舞弊主要发生在其海外子公司和合作伙伴中，特别是在印度、新加坡、迪拜和菲律宾。因此，Wirecard 的全球化与其说是扩张策略，不如说是掩盖财务舞弊的手段。

Wirecard 的扩张尽管存在问题，却几乎未受到监管，其审计师安永在十年的时间里对其看似完美的财务报表均提供了无保留意见。一系列的大型海外收购活动显著改善了 Wirecard 的经营业绩（见表 5.1），使该公司成为欧洲最大的 FinTech 公司，2018 年它在 26 个国家和地区拥有约 6,000 名员工。

表 5.1　Wirecard 的关键财务指标

财务指标	2013 年	2014 年	2015 年	2016 年	2017 年	2018 年
营业收入 / 百万欧元	482	601	771	1,028	1,489	2,016
增长率（%）		25	28	33	45	35
净收入 / 百万欧元	83	108	143	267	256	347
增长率（%）		30	32	87	-4	36
总资产 / 百万欧元	1,431	1,995	2,936	3,428	4,533	5,855
增长率（%）		39	47	17	32	29
EBIT/ 百万欧元	99	133	173	235	312	439
增长率（%）		34	30	36	33	41
全面摊薄每股收益 / 欧元	0.74	0.89	1.16	2.16	2.07	2.81
增长率（%）		20	30	86	-4	36

资料来源：Wirecard 公司年报。

　　2018 年 8 月，Wirecard 的股价飙升至每股 191 欧元，市值一度达到 240 亿欧元（见图 5.1）。2018 年 9 月，Wirecard 的发展达到新的高度，成为德国第二大贷方，取代德国商业银行成为德国达克斯指标（DAX 指数）股 30 强（德国前 30 大公司）之一，并且市值一度超过德意志银行（见图 5.2）。

股价（欧元）

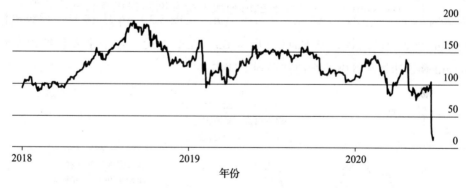

图 5.1　Wirecard 股价［资料来源：Bloomberg 汇编（2020 年）］

　　但是，Wirecard 的成功只是昙花一现。2020 年 4 月 28 日，毕马威对 Wirecard 开展的专项审计结果显示，Wirecard 与第三方公司的某些交易以及 Wirecard 在 2016 年至 2018 年期间披露的利润的真实性均无法核实，而这恰恰凸显了该公司在会计记录保留方面存在的缺点。6 月 5 日，德国警方突袭 Wirecard 慕尼黑总部。6 月 16 日，菲律宾银行 BPI⊖和 BDO⊜告知安永，列有 Wirecard 19 亿欧元存款余额明细的文件是伪造的。

⊖　BPI：菲律宾群岛银行，菲律宾的一家综合银行。
⊜　BDO：BDO Unibank Inc.，菲律宾的一家提供全方位服务的综合银行。

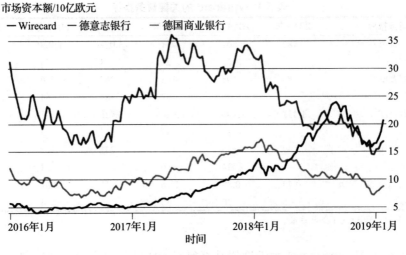

图 5.2　Wirecard 股价［资料来源：Rubio（2020 年）］

6 月 18 日，Wirecard 透露安永拒绝发布其 2019 年审计报告，因为安永无法核实资产负债表上的 19 亿欧元现金，这导致 Wirecard 必须推迟发布其 2019 年经审计的年度报告。6 月 22 日，Wirecard 承认失踪的 19 亿欧元可能根本不存在。6 月 25 日，Wirecard 宣布其决定申请破产。2020 年 6 月 17 日至 26 日，Wirecard 股价缩水 90% 以上，从 104.50 欧元跌至 1.28 欧元（见图 5.3）。6 月 19 日，评级机构穆迪将 Wirecard 的信用评级从 Baa3 下调至 B3。在此之后，各个来源长期以来针对 Wirecard 会计违规和舞弊的指控都得到了证实。

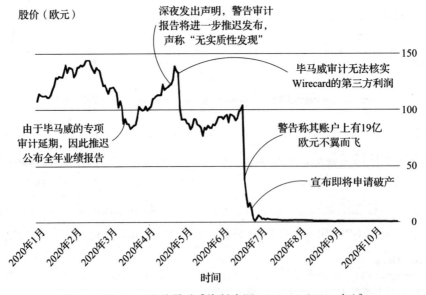

图 5.3　Wirecard 股价暴跌［资料来源：Felsted（2014 年）］

5.2　Wirecard 的公司治理问题

5.2.1　财务舞弊

自 Wirecard 成立之初，有关其非法经营和会计违规的指控就不断涌现。一位前律师提供的检举报告[⊖]、卖空者表达的怀疑以及英国《金融时报》的追踪报道，都一再指向 Wirecard 的财务舞弊行为。Wirecard 与《金融时报》之间长达 5 年的不和吸引了公众的特别关注。

2008 年，Wirecard 首次被德国股东协会指控存在会计违规行为。这一丑闻包括指控不透明的报告、可疑的并购活动、激进的利润核算以及与美国非法在线博彩有关的洗钱传闻。因此，Wirecard 雇用了安永开展专项审计。该审计事务所后来成为 Wirecard 的主要审计师。

Wirecard 在 2010 年后的快速扩张引发了外界对其收购交易的质疑。早在 2011 年，《金融时报》就曾对 Wirecard 资产负债表上通过收购第三方公司获得的 6.7 亿欧元的无形资产表示过怀疑。2015 年 10 月，美国投资咨询集团 J Capital Research（JCap）发表了一份建议卖空 Wirecard 股票的报告，引发了外界对该公司亚洲地区合作伙伴的怀疑。2016 年，一名卖空者在 Twitter 上匿名发布了一份报告，指控 Wirecard 实施洗钱和财务舞弊行为。这名卖空者用的笔名是 Zatarra，因此这份报告也被称为 Zatarra 报告。报告发布后，Wirecard 股票遭到大量卖空。但由于作者匿名和报告的不可核实性，Wirecard 很快驳斥了该指控，并反过来指控作者操纵市场。2018 年 3 月，Wirecard 新加坡总部的一名检举者向《金融时报》检举，称该公司通过第三方向其印度子公司汇款以虚增营收，从而进行转手套利。

从 2015 年起，以调查记者 Dan McCrum 为首，《金融时报》发表了一系列关于 Wirecard 的会计违规行为的文章。2015 年，《金融时报》声称 Wirecard 的银行存款存在 2.5 亿欧元的缺口。尽管以 Dan McCrum 为首进行了调查，但此时尚未进行任何重大的监管或审计调查。2019 年 1 月下旬，《金融时报》经过多年调查后发表文章，指控 Wirecard 在新加坡存在会计违规行为，如会计造假、转手套利和倒填日期。一个月后，新加坡警方突袭 Wirecard 的新加坡总部。2019 年下半年，《金融时报》发表了一系列文章并附有检举者投诉和内部文件，指控 Wirecard 的迪拜和都柏林分公司通过虚构客户来夸大利润，并将由受托人管理的第三方保管账户

⊖　该报告发布于 2018 年 10 月，撰写者为 Wirecard 新加坡分公司的高级法律顾问 Pavandeep Gill。

中的现金不当地计入现金余额，从而虚报其实际银行存款。然而，在这些文章发表后，BaFin[○]临时禁止卖空 Wirecard 股票，并对卖空者和《金融时报》展开调查。Wirecard 事后将《金融时报》告上法庭，声称后者滥用商业机密，记者和卖空者相互勾结。Wirecard 还起诉了负责刑事调查的新加坡主管部门。

尽管如此，Wirecard 仍迫于压力，于 2019 年底雇用毕马威开展了一次专项审计，以回应一系列财务舞弊指控。2020 年 4 月底，毕马威发布了一份专项审计报告，基本证实了《金融时报》提起的指控，并揭示了开展审计工作的过程中遇到的几个障碍。

不幸的是，这些明显的财务舞弊迹象并没有得到 Wirecard 监事会、董事会[○]、外部审计师安永或金融监管机构 BaFin 的重视——而这四道财务舞弊防线的职责正是防止舞弊活动的发生。哪怕其中只有一道防线正常履行职责，Wirecard 的财务舞弊也不可能发生（Huang，2020 年）。但这四个组织未能及早揭露 Wirecard 的财务舞弊，正表明了 Wirecard 的内部和外部治理机制形同虚设。

5.2.2　内部控制

根据 Wirecard 的年报，董事会负责建立和完善公司的内部控制系统并确保其有效运行，而监事会则负责监督内部控制以及内部和外部审计工作的实施，以确保真实且公允地反映会计核算信息。

Wirecard 的财务舞弊主要发生在 2016 年至 2018 年之间。董事会和监事会作为财务舞弊的第一道和第二道防线本应及时调查检举者和《金融时报》提出的财务违规指控，并评估 Wirecard 内部控制系统的有效性。然而，Wirecard 在 2018 年发布的监事会报告、公司治理报告以及公司治理声明均回避了检举者和媒体对其财务业绩真实性的质疑。

2020 年 6 月董事会变动之前，Wirecard 的董事会由五名监事会成员和四名董事会董事组成。在此之前，德国 DAX 上市公司从未有过董事担任监事会成员的先例。前董事会成员，如 CEO Markus Braun 和 COO Jan Marsalek，都缺乏有效监督

[○]　BaFin 是指德国的金融监管机构——联邦金融监管局。

[○]　德国《公司法》在其公司治理准则中规定，上市公司必须采用双层制董事会结构（即包括一个监事会和一个董事会）。该准则要求董事会运营公司的日常业务，并设立独立的监事会对董事会实施监督并向董事会提供建议，同时保护股东的利益。监事会由股东大会选举产生，负责董事会成员的任免。

财务合规所需的财务专业知识和治理技能。与欧洲和美国公司提倡的多元构成相比，Wirecard 的董事会成员主要为奥地利人。其最大股东 Markus Braun 担任公司 CEO 长达 18 年（Wang 和 Li，2020 年）。此外，其监事会未按德国公司治理准则的要求设立小组委员会。Wirecard 直到 2019 年第一季度才成立审计委员会和风险与合规委员会，而这两个小组委员会对防范财务舞弊至关重要。上述情况清楚地表明了 Wirecard 的内部控制存在严重缺陷。

5.2.3　外部审计师

Wirecard 的主要审计师安永在这起财务丑闻曝光后也面临前所未有的信任危机。直至 2022 年，由德国检察官 Wolfang Schirp 提起的一项针对安永的诉讼还在进行，其指控安永玩忽职守，在 2018 签署了一份包含明显违规行为的报告。对于 Wirecard 的财务舞弊，安永难辞其咎，主要原因有以下三点。

第一，安永在开展 Wirecard 审计工作的过程中缺乏职业怀疑态度。安永似乎对大量检举报告以及媒体和卖空者表达的高度担忧都置若罔闻，连续 10 年对 Wirecard 的财务报表出具无保留意见的审计报告，也未安排反舞弊团队调查可疑交易。更令人惊讶的是，2018 年初，Wirecard 的财务报告已经受到质疑，而此时安永仍对该公司 2017 年的财务报告出具了无保留审计意见，仅对舞弊指控和随后的调查一笔带过，由此澄清有关会计违规行为的指控并重获投资者的信心。直到 2019 年，安永才对 Wirecard 2018 年的财务报告表达了轻微的保留意见。

第二，安永未能履行其信托责任，未实施本可揭露 Wirecard 大规模舞弊行为的标准审计程序。Rödl & Partner 的审计师团队[一]发现安永未能识别舞弊风险的迹象，未全面落实专业指导方针，并且在关键问题上依赖 Wirecard 高管的口头保证。根据后续调查结果，2016 年至 2018 年期间，当 Wirecard 声称在新加坡华侨银行有高达 10 亿欧元的存款时，安永并未直接向该行确认其账户信息。现金和现金等价物一直是 Wirecard 资产的重要组成部分。然而，面对如此高额的海外银行存款，安永却仅依靠第三方受托人出具的文件和 Wirecard 提供的截图就确认了存款的存在。如果安永按正常审计程序核实了银行对账单，则可将 2020 年 6 月才揭露的许多舞弊行为提早曝光。

[一] Rödl & Partner 是一家综合性专业服务公司，提供会计、审计、税务和商业咨询服务。

第三，安永未能发现 Wirecard 的财务舞弊行为，凸显了 Wirecard 和安永之间的潜在利益冲突。Wirecard 申请破产后，安永表示即使开展严谨的调查也可能无法揭露该公司精心策划的复杂舞弊行为——该行为涉及全球各地不同机构的多方操作，属于蓄意舞弊。然而，毕马威发起的一项调查发现，早在 2016 年，安永就有一名内部检举者对 Wirecard 提出了舞弊指控，并警告称 Wirecard 的一名高级管理人员曾试图贿赂印度的一名审计师。检举者称 Wirecard 印度分公司的一名高级管理人员企图向安永的一名印度当地审计师行贿，条件是该审计师同意签字确认被操纵的销售数据。后来安永更换了印度分公司的审计团队，但毕马威的调查显示，安永并未对行贿未遂事件进行调查。这一证据清楚地表明，安永作为 Wirecard 的审计师并未与客户保持严格的独立性。

5.2.4　金融监管机构的疏忽

自 2016 年起，外界对 Wirecard 提出了诸多质疑，但均未得到德国金融监管机构的重视。具有讽刺意味的是，由于德国奉行经济民族主义，BaFin 非但不调查质疑的真实性，相反还保护 Wirecard 免受海外公司的指控。BaFin 因行为明显违反监管中立原则而成为 Wirecard 丑闻中的众矢之的，其监管疏忽遭到了德国投资者、媒体和政界人士的广泛批评。

在 2016 年 Zatarra 报告发布后，BaFin 对可能与该报告相关的卖空者展开了市场操纵调查。尽管不同的个人和组织提出了一系列相似的指控，但是 Wirecard 仍在未受到全面监管调查的情况下继续扩大其业务。

同样，2019 年《金融时报》提出指控后，BaFin 非但未严肃调查 Wirecard 的合规问题，还起诉了《金融时报》及其记者。德国财政部部长 Olaf Scholz 称，向《金融时报》提供内部文件描述 Wirecard 会计违规行为的检举者也曾在 2019 年 1 月将这些文件发给 BaFin。尽管如此，2019 年 2 月，BaFin 却在其官网上声明，Wirecard 有 "经济重要性" 以及卖空将 "对市场信心构成严重威胁"，因此 4 月 18 日之前禁止全球投资者卖空 Wirecard 股票。这是德国首次针对单一股票发布卖空禁令。

毕马威发布专项调查报告后，BaFin 终于意识到事态的严重性，并计划将 Wirecard 的所有活动纳入其监管范围。然而，这个决定已经于事无补。BaFin 将 Wirecard 视为一家技术公司而非金融服务提供商，因此未能对其进行适当监督（Mondovisione，2020 年）。

据 2020 年 6 月 22 日的 Bloomberg 报道，BaFin 的局长 Felix Hufeld 称 Wirecard 丑闻是一场"彻底的灾难"，并试图淡化 BaFin 的责任。Hufeld 并未承认自我反省和建立更严格监管机制的必要性，而是指责 Wirecard 管理团队和"大批审计师"没有适当报告违规行为。Olaf Scholz 还支持 BaFin 对 Wirecard 的活动加大监察力度的决定，并呼吁对监管要求进行改革。

金融监管机构的疏忽，与德国的经济民族主义以及 Wirecard 与德国政客之间的密切联系有很大关系。经济民族主义是保护和促进德国行业领军者的推动力，在某种程度上，这些领军者的成功被视为符合国家利益，这导致主管部门忽视了其保护投资者和德国股票市场完整性的责任（Véron，2020 年）。Wirecard 长期以来一直被德国政府视为能够挑战美国硅谷同行的 FinTech 公司。尽管怀疑 Wirecard 存在财务舞弊，但支持 Wirecard 符合政府的利益，因为 Wirecard 的持续成功将有助于树立投资者对德国技术行业的信心和乐观态度，从而鼓励他们支持德国而非美国等该领域的长期领导者（Meng，2020 年）。2020 年 9 月 1 日，德国议会宣布其决定彻查政府未能防范 Wirecard 舞弊的原因。

5.3　Wirecard 公司治理失败的教训

根据审计师和媒体的若干报告，Wirecard 的舞弊手段称不上特别复杂。其手段主要涉及与第三方公司和托管银行勾结，以虚增利润、捏造存款和美化财务报表，以此吸引投资。但是由于 Wirecard 具有"上市跨国公司""金融科技独角兽"等光环，其舞弊活动涉及高层管理人员并具有较强的隐蔽性，因此最终成功骗过了股东、投资者、审计师、银行和监管机构。除了 FinTech 的繁荣前景，"德国安然事件"还凸显了许多需要解决的根深蒂固的问题。

关注点之一就是监管机制未能发现财务舞弊的问题。Wirecard 之所以能够实施财务舞弊行为，一定程度上与其处在科技公司和金融机构之间的监管灰色地带有关。这种模棱两可的身份使 Wirecard 能够规避金融监管机构规定的严格要求，如资本和合规要求。在舞弊事件曝光之前，Wirecard 是一家从事银行业务和非银行业务的上市公司。但是 BaFin 主要负责监管其银行和证券业务，而非银行业务则处于政府监督范围内。因此，信息不对称导致金融监管机构和政府在监管 Wirecard 方面存在缺口。为了避免出现类似的情况，欧洲公益性非营利组织（NGO）Better Finance 建议，对于在特定市场活动的所有提供商，不论其属于哪一类别（银行或非银行），欧盟及其成员国均应设定具有一致的范围和应用的监管框架（就 Wirecard 案例而言，其关键业务为金融业务）(Mondovisione，2020 年)。

　　Wirecard 的案例也是公司治理崩溃的示例，因为十多年来 Wirecard 的内部控制一直未能发现其系统性的财务舞弊行为。为加强监事会对外部审计的监督职能，应要求上市公司设立专门的审计委员会，其独立主席应具备财务专业知识。此外，监事会需要有权访问关键信息而不受管理层限制。同样重要的是，要认识到安永作为 Wirecard 超过 10 年的审计师应承担的责任。虽然目前的调查不足以确定安永的责任，但就审计质量和审计师独立性的重要性而言，该会计师事务所与 Wirecard 的长期密切关系是一记警钟。财务审计师必须保持真正的公正，独立于所审计的公司。Wirecard 丑闻爆发后，欧洲议会的一些成员认为必须立刻推行审计改革，呼吁改革过时的审计制度，即上市公司直接雇用会计师事务所并确定其薪酬的制度。可以说，在欧盟建立统一的审计监督制度，以避免成员国在审计监督过程中实施保护主义，已成为一项迫切需要。Wirecard 案例中的关键事件见表 5.2。

表 5.2　Wirecard 案例：关键事件

时间	描述
1999 年	Wirecard 在慕尼黑成立
2002 年	Markus Braun 出任 CEO，将 Wirecard 与位于慕尼黑的竞争对手 Electronic Business Systems 合并
2006 年	Wirecard 通过收购 XCOM 银行进军银行业
2008 年	安永成为 Wirecard 的主要审计师
2010 年	Jan Marsalek 被任命为 COO，Wirecard 开始走上全球扩张之路
2015 年	《金融时报》对 Wirecard 的会计记录提出质疑
2016 年	一名匿名卖空者发布 Zatarra 报告。BaFin 就指控的市场操纵行为对卖空者和《金融时报》记者展开调查
2017 年	安永出具无保留意见的审计报告
2018 年	一名检举者指控 Wirecard 进行转手套利
2019 年	《金融时报》发布报告称，Wirecard 的迪拜和都柏林分公司通过虚构客户来夸大利润
2020 年 4 月	毕马威发布专项调查报告，对 Wirecard 收入的真实性提出质疑
2020 年 6 月	Wirecard 承认"失踪的 19 亿欧元可能根本不存在"，随后宣布决定申请破产

讨论问题

1. 简述 Wirecard 的财务舞弊行为。这些会计违规行为是否应由 Wirecard 的董事会和主要审计师发现？

2. 你认为在 2016 年 Zatarra 报告发布后，BaFin 应加大对 Wirecard 在亚洲的商业活动的怀疑力度吗？

3. 对于导致 Wirecard 倒闭的各方，你会如何划分其责任？

4. 你从 Wirecard 案例中吸取的主要教训是什么？

5. 卖空者是否应被描述为利益相关者？

6. 讨论上市公司董事持有相当大比例的股份符不符合其最佳利益的主张。

7. 需要采取哪些措施来重拾公众对德国审计制度和财务报告制度的信任？

参考文献

Felsted A. (2014, July 22). Tesco bows to City and loses CEO. *Financial Times*, Available at: https://www.ft.com/content/dfafedf8-109d-11e4-b116-00144feabdc0/

Huang, S. J. (2020). Illusion and reflection of a fintech giant: Analysis of Wirecard financial fraud case. *Financial Accounting, 7*, 6–17 (in Chinese).

Jo, H., Hsu, A., Llanos-Popolizio, R., & Vergara-Vega, J. (2021). Corporate governance and financial fraud of Wirecard. *European Journal of Business and Management Research, 6*(2), 96–106.

Meng, J. H. (2020). The German version of Luckin: Payment giant in financial crisis. *Credit China, 7*, 119–120 (in Chinese).

Mondovisione. (2020, July 1). Better finance—Wirecard AG: An outrageous case of corporate governance, external auditing and supervisory failures. https://mondovisione.com/media-and-resources/news/better-finance-wirecard-ag-an-outrageous-case-of-corporate-governance-extern

Rubio, P. V. (2020, November 19). Wirecard: Another fintech fraud. https://sevenpillarsinstitute.org/wirecard-another-fintech-fraud/

Véron, N. (2020). The Wirecard debacle calls for a rethink of EU, not just German, financial reporting supervision. *Bruegel-Blogs*, NA. https://link.gale.com/apps/doc/A628894372/AONE?u=anon~2d3ef335&sid=googleScholar&xid=15779a7d/

Wang, Y., & Li, S. P. (2020, July 13). The most humiliating scene in the European financial market in the past century. *China Banking and Insurance News*. http://xw.cbimc.cn/2020-07/13/content_353187.htm (in Chinese).

Wirecard, A. G. (2020). Annual reports. Available at: https://www.wirecard.com/financial-reports/

第6章

Stora Enso

Stora Enso 是一家领先的可再生材料公司，为众多行业提供包装、生物材料、木结构和纸张等方面的可再生解决方案。根据 Worldkings 发布的一份报告（2021年）显示，2015 年，Stora Enso 在纸浆、造纸和包装行业的公司中收益位列全球第四。Stora Enso 将可持续发展作为其整个价值链的核心要素，致力于将战略决策和企业社会责任（CSR）实践融入公司治理。

尽管 Stora Enso 在可持续发展和环境保护方面取得了稳步发展，但在 2012 年至 2014 年期间，该公司被指控违反人权和商业道德，包括在中国经营时不公正地对待当地农民和在巴基斯坦的一家合资公司雇用童工。这些道德问题迫使 Stora Enso 针对 CSR 沟通和实践采取更加积极主动、参与度更高的方法。此后，Stora Enso 实施了一系列措施，以加强其可持续发展实践，重建其作为一家具有社会责任感的公司的声誉。

6.1 Stora Enso 的历史和早期 CSR 实践

Stora Enso 总部位于芬兰赫尔辛基，最初是纸浆、纸张和其他林业产品生产领域的先驱。Stora Enso 成立于 1998 年，由瑞典采矿和林业产品公司 Stora AB 与芬兰林业产品公司 Enso Oyj 合并而成。通过实施一系列结构变革并努力实施可持续发展和 CSR 活动，Stora Enso 从一家纸浆和纸张制造商发展成为经营可再生材料业务的全球性企业，目前已在赫尔辛基证券交易所和斯德哥尔摩证券交易所上市。

Stora Enso 一直以来都积极参与 CSR 活动。Stora Enso 将可持续发展理念融入其核心业务，坚持以负责任的方式经营，并高度重视环境保护，这些都促进了该公司的早期成功。在三重底线框架的指导下，Stora Enso 的可持续发展实践涵盖了社会、环境和经济责任。这个框架采用的是整体思维，公司是否成功的标准度量是"利润"，以及社会和环境指标。

1999 年，Stora Enso 首次发布其价值观以及环境和社会责任政策，并被纳入 2001 年道琼斯可持续发展指数（DJSI）榜单和道琼斯 STOXX 可持续发展指数（DJSI STOXX）榜单，由此受到认可并开始参与 CSR 实践。通过改进生产流程，Stora Enso 自此已获得多项林业产品可持续发展认证。

2000 年，Stora Enso 以 49 亿欧元的价格收购了北美纸浆和纸张制造商 Consolidated Papers（Stora Enso 新闻稿，2000 年）。随着业务足迹的不断扩大，Stora Enso 日益重视 CSR 活动，尤其是在商业道德领域。2002 年，Stora Enso 任命在公司内部推行更全面的可持续发展方法的 Eija Pitkänen 为 CSR 副总裁。Pitkänen 召集不同部门的管理人员讨论公司的 CSR 议程，并解决公司的可持续发展问题（例如，与可持续发展审计相关的问题）(见表 6.1)。

表 6.1　参与 2002 年 Stora Enso CSR 活动的治理主体 / 成员及职责

治理主体 / 成员	职责
副 CEO：Björn Hägglund	● 环境委员会主席 ● CEO 的副手 ● 负责公司的管理
CSR 副总裁：Eija Pitkänen	● Stora Enso 的 CSR 负责人 ● 向执行副总裁报告 ● 密切配合并支持各个部门、单位和员工职能
环境委员会	● 包括 8 ～ 14 名成员 ● 制定公司的环境策略 ● 协调与政府、非政府组织和其他利益相关者的关系和沟通 ● 制定环境管理程序并编制年度环境报告

资料来源：Stora Enso 2002 年年报。

Stora Enso 执行副总裁称，该公司因根据可持续发展指数来衡量其工作而赢得了广泛关注，并对外部利益相关者更加负责（Holmberg 和 Karlberg，2018 年）。2002

年，Stora Enso 被纳入 DJSI STOXX 榜单，在所有上榜的林业产品公司中得分最高，并登上了富时罗素社会责任指数榜单。

2002 年，Stora Enso 在中国广西壮族自治区成立分公司，其使命是在华南地区建立一个可持续发展的桉树木材基地。2006 年，Stora Enso 在达沃斯经济论坛上入选全球可持续发展百强企业榜单。2010 年，Stora Enso 收购了中国包装制造商正元国际 51% 的资本。2012 年，巴基斯坦包装公司 Packages Ltd. 与 Stora Enso 达成协议，在巴基斯坦成立合资企业 Bulleh Shah Packaging（BSP）Ltd.，Stora Enso 持股 51%。

总之，Stora Enso 早期的 CSR 实践注重环境可持续性，例如森林可持续经营、造纸厂下游的水质以及空气污染排放物控制。随着公司向新兴市场扩张以及利益相关者对 CSR 的期望不断变化，Stora Enso 对 CSR 实践的侧重点也进行了调整，使公司能够达到甚至超过期望。但是，在新兴市场上，Stora Enso 无法让其 CSR 活动与其发展情况保持一致，这使其在 2012 年至 2014 年面临 CSR 方面的问题。

6.2　Stora Enso 的公司治理问题

6.2.1　在中国经营时不公正对待当地农民

21 世纪初，Stora Enso 在中国广西壮族自治区建立的桉树种植园因涉嫌非法侵占土地而受到权利与资源行动组织[○]的调查。Stora Enso 后来被指控胁迫当地农民放弃土地以供 Stora Enso 植树。2009 年由于合作项目出现问题，CEO Jouko Karvinen 表示"各方都会理解，对于 Stora Enso 而言，任何一棵树或一块土地即使再重要，也永远不应成为使用暴力的理由"（Red Forest Hotel，2012 年）。尽管 Stora Enso 2010 年和 2011 年年报中提及了更多合作问题，但该公司并未放弃这个项目。

由 Mika Koskinen 执导并于 2012 年播出的纪录片《红森林酒店》质疑了 Stora Enso 在广西壮族自治区的土地租赁行为。此后有 11 个国际非政府组织向联合国（UN）人权理事会投诉了 Stora Enso 的土地租赁行为。2012 年 4 月，公司的全球责任负责人 Lauri Peltola 驳斥了该纪录片的指控，并称 Stora Enso 正在处理此事，相

　　○　权利与资源行动组织是一个非政府组织，致力于鼓励林权和政策改革以及林业经济转型，使公司响应当地的发展议程并支持当地居民的生活。

关报告中的建议已在实施中，包括改善提供给农民的待遇。

此时 Stora Enso 意识到了其在中国的不当行为对其更广泛业务的负面影响。丑闻发生后，Stora Enso 重新审视了 CSR 的核心理念。该公司通过内部管理体系将可持续发展的核心理念融入企业文化，并打造了"全球责任"这一标签来描述公司的 CSR 发展，提出了"为人类和地球行善"这一公司宗旨，并将"引领"和"行正确之事"作为其关键公司价值观。此外，Stora Enso 于 2010 年编制并发布了公司的第一份行为准则——《Stora Enso 行为准则》，并于 2012 年进行了更新和完善。

该行为准则旨在确保公司遵循其业务经营地的法律法规。这要求所有员工无论何时何地都按 Stora Enso 的统一价值观开展活动，并重视这些价值观（Li，2014年）。根据 Karvinen 的说法，这是有效推进 CSR 工作并建立良性循环的唯一途径，将为经济和人类发展创造价值。根据 Stora Enso 2010 年的可持续发展报告，截至 2010 年底，其 81% 的员工已完成有关行为准则的学习和培训。

2012 年，Stora Enso 启动了一项学习和培训计划，旨在让所有担任管理职务的员工了解其业务政策，并要求约 1,040 名员工提供电子签名以示自己将遵循该政策，百分之百的员工都提供了签名。此外，公司为担任关键职务的员工提供了有关反垄断和腐败问题的在线学习和培训课程。

6.2.2 巴基斯坦的合资公司雇用童工

2014 年 3 月，Stora Enso 在巴基斯坦的投资项目遭到瑞典电视节目 *Kalla Fakta* 和瑞典杂志 *Veckans Affärer* 的批评。根据 *Kalla Fakta* 和 *Veckans Affärer* 的说法，Stora Enso 合资公司 BSP 的废纸和麦秸供应网络中使用了童工（Makar，2014 年）。据报道，在巴基斯坦旁遮普省萨希瓦尔的一个垃圾填埋场，童工每天在高温和恶臭中工作 10 小时，而时薪只有 0.07 欧元。Karvinen 承认媒体报道基本属实（Ganson，2015 年）。

Stora Enso 管理层称，尽管公司信奉"行正确之事"，但由于巴基斯坦的经营环境复杂，该公司对其仍需进行更加细致入微的了解。事实上，Stora Enso 在进军巴基斯坦市场之前就已调查过业务风险，并且自调查之初就知悉将面临童工问题——这是巴基斯坦的主要社会问题之一。Stora Enso 与 Packages Ltd. 签订协议之前就针对童工问题启动了尽职调查流程，旨在纠正识别出的任何重大问题。然而调查仅发现了一起童工案例，即 Packages Ltd. 的废纸直销商雇用童工，该问题立即得到了纠正。合资伙伴同意为 BSP 设立一个责任部门，并制订可持续发展行动计划——该计划已获得 Stora Enso 管理层及董事会的批准。

童工丑闻曝光后，Stora Enso 遭到媒体、员工和客户的抨击，指责其在 CSR 方面缺乏透明度，未能妥善披露合资公司雇用童工的证据。此外，事后还发现，雇用童工的供应链并未被纳入尽职调查流程来进行专门调查，且该尽职调查流程并未与最高管理层妥善对接。在一份新闻稿中，Karvinen 承认，"我们在进入巴基斯坦市场时，没有就我们对此问题已知晓的信息和决定采取的行动进行足够清楚和具体的沟通，对此我们表示诚挚的歉意"（Ganson，2015 年）。

这些丑闻被披露后，利益相关者对 Stora Enso 忽视公司责任、未充分重视 CSR 沟通和行为表达了愤怒。在 Stora Enso 内部，许多员工都感到苦恼和沮丧，一些高级管理人员离开了公司，如公司的 CEO Jouko Karvinen、全球责任负责人 Lauri Peltola 和可再生包装部门负责人 Mats Nordlander。一些主要股东也对 Stora Enso 不负责任的行为表示担忧。投资者对公司的信心下降，远期投资也被搁置（Gongne 和 Lang，2020 年）。部分客户对整个公司都彻底失去了信心（Ganson，2015 年）。此外，股票投资者和一些基金对 Stora Enso 产生了消极看法。2015 年年初，一家瑞典国有养老基金抛售了其持有的 Stora Enso 股份，并将其列入黑名单。

6.2.3 道德危机后 CSR 实践的改进

雇用童工事件曝光后，BSP 实施了全面的流程来识别和消除其供应链中的雇用童工现象。与此同时，Stora Enso 在 2015 年与国际劳工组织（ILO）建立了合作伙伴关系，以强化其全球 CSR 政策、改善工作环境并反对雇用童工。

2014 年 8 月 1 日，Karl-Henrik Sundström 成为新任 CEO，并启动了一系列行动来改善 Stora Enso 的 CSR 实践和形象，包括采取 CSR 集中式方法、提高管理团队对 CSR 活动的参与度以及拓展内部和外部的 CSR 沟通。

第一步是采取集中式方法，将 CSR 问题带回集团运营的核心。2014 年，Stora Enso 进行了多项组织结构改革，使 CSR 管理更贴近 CEO 和集团领导团队（GLT），并将重要的环境、社会和公司治理（ESG）问题更深入地整合到其核心业务和战略规划中。2015 年，Stora Enso 成立了独立的可持续发展职能部门，设立了直接向 CEO

报告并属于 GLT 的执行副总裁。2016 年，Stora Enso 成立了可持续发展与道德委员会，使董事会能够监督 CSR 活动和合规战略的实施。该委员会定期开会讨论 CSR 政策，每月召开一次会议。该委员会由 2～4 名独立成员组成，成员每年由董事会任命且之前都与公司没有关联，其中至少有一名成员必须具备处理 ESG 问题的专业知识和经验。

第二步是提高管理团队对 CSR 活动的参与度。Stora Enso 的 CSR 目标和战略现在越来越多地由成员包括全球责任负责人在内的 GLT 讨论得出。全球责任管理人员也参与部门领导讨论，从而更好地了解新兴市场的当地商业实践、流程和风险（Ganson，2015 年）。2015 年，可持续发展与道德委员会成员考察了 Stora Enso 在中国广西壮族自治区的运营，以更好地了解其项目的社会和环境影响。Sundström 和 26 名高层管理团队成员参加了一场以儿童权利为主题的会议，该会议是与救助儿童会[⊖]合作的一部分。Sundström 还强调管理层根据公司价值观组织 CSR 活动的责任。高层管理团队越来越高的参与度深化了他们对公司 CSR 问题的理解。

第三步是拓展 Stora Enso 内部和外部的 CSR 沟通。该公司将其 CSR 沟通重新定义为一个共同认识、分析和决策的过程，而非一个决定向利益相关者报告哪些内容的过程。这种新的管理层制度将带来更高的透明度和内部信任度、更优质的年度报告，并向利益相关者传达更多的信息。Stora Enso 还创建了更多的内部沟通和反馈渠道，如定期在线调查、集团领导博客以及员工和 CEO 之间更多的内部接触机会。此外，Stora Enso 还组织了若干关于道德困境的研讨会，让员工参与战略和行动规划，并向员工发送相关会议纪要。

6.3　Stora Enso 公司治理失败的教训

Stora Enso 尽管享有良好的可持续发展声誉，但仍遇到了一些道德问题。这一案例表明，在 CSR 的某个方面占据领先地位的公司并不一定足以应对 CSR 其他方面不断变化的规范和实践，以及满足利益相关者更广泛的期望。

甚至在上述道德问题被曝光前，Stora Enso 在其 CSR 流程、组织和沟通方面本就存在不足。2014 年之前，Stora Enso 主要采用传统的分散式 CSR 方法，将与质量

⊖ 救助儿童会是一个国际 NGO，致力于通过提供更好的教育、医疗和经济机会以及紧急援助来改善儿童的生活。

和生产相关的 CSR 问题委派给不同的部门。正如 Stora Enso 的一位高级管理人员所言："通过将责任委派给密切参与运营的人员，问题也就转移到了各个部门。但在现实中，公司中心层已失去了对不同部门实际采取措施的全面了解和控制。"一些 CSR 问题（如雇用童工和不公正对待当地农民）之所以没有得到识别和解决，是因为没有建立明确的管理问责制度。例如，负责识别和解决巴基斯坦供应链中雇用童工问题的管理人员可能没有考虑到自己是识别和应对如此严重的业务风险的直接责任人。

理解上的差距和无法分清问题的轻重缓急也是导致 Stora Enso 道德危机的根本原因之一。BSP 的尽职调查流程要求涵盖财务和法律合规性、社会责任和其他需要解决的问题。劳工和人权问题（如职业健康和安全以及现场承包商的条件）是优先事项。相比之下，Stora Enso 没有关注儿童权利，部分原因是公司的日常运营中通常看不到儿童权利问题。

缺乏对风险沟通的共识也是重要问题之一。在 Stora Enso，部门风险评估的结果在向更高层传达的过程中遭到了曲解。因此，本可促使 Stora Enso 及其合资公司采取更积极行动的信息被过滤掉了。信息每向更高层传达一次，问题就被弱化一次。因此，高层管理团队没有采取必要的行动，因为他们根本没有充分理解问题的大小和严重程度。

还有一个问题是，Stora Enso 未能将其 CSR 政策完全融入其文化和组织体系。一些高级管理人员指出，高管们热衷于解决 CSR 问题和履行全球责任且富有远见。确实，该公司签署了各种可持续发展倡议（如《联合国全球契约》），并宣传其在 CSR 方面取得的成就，但内部管理团队未能向员工充分解释这些 CSR 倡议和行动的重要性。一些员工表示他们根本看不出可持续发展报告中讨论的问题与其日常工作之间有任何联系（Ganson，2015 年）。该公司的绩效考核主要基于财务业绩，而忽略了许多关键利益相关者的担忧。具体而言，在供应链管理方面，缺乏与企业文化保持一致的政策和流程。出于这些原因，Stora Enso 未能在 2012 年至 2014 年弥补其全球责任承诺与实际表现之间的差距。

尽管公司的分散式结构使密切参与 CSR 问题的员工能够直接解决问题，但对 Stora Enso 而言，更重要的是建立一个系统，以改善与高层的 CSR 沟通。爆发数起 CSR 丑闻后，Stora Enso 意识到了向高层管理团队和董事会传达 CSR 的重要性和紧迫性，并改进了其治理模式，以更好地在所有业务中整合 CSR。这种整合和强调得到了董事会、CEO 和 GLT 的支持。可持续发展执行副总裁（EVPS）Noel Morrin 解释道："如果高层领导是成功履行 CSR 的先决条件，那么毫无疑问，可持续发展职能部门应该设立自己的责任高管。该责任高管需要具备必要的业务和可持续发展能力与经验，以便对等地与其他职能部门的高管成功谈判。"

在所有业务中整合 CSR 后，CSR 问题会由 EVPS 与法务、人力资源、采购和物流部门以及其他部门及时协作解决。每个部门均设有自己的可持续发展负责人，直接向该部门的执行副总裁汇报。董事会和可持续发展与道德委员会定期审查关键风险和绩效指标（包括 CSR 相关工作）。此外，Stora Enso 的董事会成员还取得了含金量较高的可持续发展资格证书，这使他们能够对 CSR 实践做出实实在在的贡献。

除了改革治理结构外，2014 年，Stora Enso 还实施了具体措施来整合可持续发展和企业风险管理（ERM）。该公司设立了 ERM 和可持续发展控制职能部门，负责与 CSR 问题相关的风险管理、绩效衡量、控制和报告。Stora Enso 还任命了一名具有可持续发展相关经验的 ERM 高级副总裁，负责配合 CSR 职能部门监督其 ERM 发展情况，并进行汇报。可持续发展和 ERM 的协调加强了 Stora Enso 对 CSR 和风险管理问题的整体管理和监督。

总之，Stora Enso 改进后的治理结构和相关措施都为其快速整合 CSR 和业务奠定了基础，使其能够从容应对诸多 CSR 挑战。2016 年，Stora Enso 取得资格，被纳入全球环境信息研究中心（CDP）2016 年气候变化 A 类排行榜和供应商气候变化 A 类排行榜以及联合国全球契约 100 指数。Stora Enso 的 CSR 实践自此赢得了广泛赞誉（wbcsd.org，2018 年）。Stora Enso 案例中的关键事件见表 6.2。

表 6.2　Stora Enso 案例：关键事件

时间	描述
1998 年	Stora AB 和 Enso Oyj 合并，Stora Enso 成立
2002 年	Stora Enso 被纳入 DJSI STOXX 榜单
2006 年	Stora Enso 入选全球可持续发展百强企业榜单
2007 年	Jouko Karvinen 被任命为 CEO
2009 年	首次提及在中国广西壮族自治区不公正对待当地农民
2010 年	在中国收购正元国际 51% 的资本
2012 年	在巴基斯坦成立合资公司 BSP
2014 年	在巴基斯坦雇用童工的问题被曝光，Karl-Henrik Sundström 接任 CEO 一职
2015 年	Stora Enso 与 ILO 建立合作伙伴关系
2016 年	成立可持续发展与道德委员会

讨论问题

1. 哪些利益相关者在 2012 年至 2014 年期间因 Stora Enso 的道德丑闻而遭受了损失？

2. Stora Enso 的利益相关者对公司的全球责任有哪些明确的和潜在的期望？ Stora Enso 与其利益相关者的 CSR 关注点是否存在差异？ Stora Enso 可如何采纳和实施 CSR 整体观？

3. 讨论尤其是公司在全球各地扩大业务的过程中，如何让利益相关者参与到 CSR 活动中来。

4. 高层管理团队和董事会如何在不同运营阶段获得关于当地商业实践、文化和风险差异的充分而全面的信息？

5. 讨论 Stora Enso 在 CSR 沟通方面存在的缺点。公司为什么要对内和对外传达其 CSR 价值观？

6. 公司应建立什么样的治理结构来保障内部信息流的内容和质量？有哪些工具有助于进行 CSR 沟通？

7. Stora Enso 的 CSR 政策是否得到了员工的广泛支持和实施？讨论 Stora Enso 应如何将其 CSR 政策融入其企业文化或组织体系。

8. 识别 Stora Enso 与 CSR 相关的治理体系，讨论这些体系应如何随着公司的发展而变化。

参考文献

Ganson, B. (2015). From promise to performance: Stora Enso's journey towards mitigating child labour. *Global Child Forum*. https://www.globalchildforum.org/resources/stora-enso-mitigating-child-labour/

Gongne, M. I., & Lang, S. (2020). The drama of corporate social responsibility communication. *Critical Perspectives on International Business*, 3.

Holmberg, I., & Karlberg, P. P. (2018, October 29). STORA ENSO case study: A centralised approach to sustainable business practices. *Stockholm School of Economics*. https://www.researchgate.net/publication/331328016_STORA_ENSO_Case_Study_A_centralised_approach_to_sustainable_business_practices_About_the_Authors

Li, X. (2014). *Research on Stora Enso's corporate social responsibility culture and behavior*. Guangxi University (in Chinese).

Makar, M. (2014, March 5). Stora Enso is accused of child labor. https://sverigesradio.se/artikel/5801653

Red Forest Hotel. (2012). Film. Luxian Productions Oy, Finland, Directed by Mika Koskinen.

Red Forest Hotel. The Movie. http://www.redforesthotelthemovie.com/

Stora Enso. (2000, February 22). Stora Enso to acquire consolidated papers for EUR4.9 billion. https://web.archive.org/web/20040501135139/; http://

www.bit.se/bitonline/2000/02/22/20000222BIT00040/bit0002.pdf

Stora Enso. (2002). Stora Enso's Annual Report 2002. https://www.storaenso. com/en

WBCSD. (2018). Stora Enso: A governance model and culture that enables enterprise risk management and sustainability integration. https://www. wbcsd.org/eng/Programs/Redefining-Value/Making-stakeholder-capitalism- actionable/Enterprise-Risk-Management/Resources/Enterprise-Risk-Man agement-case-studies/Stora-Enso

Worldkings. (2021, June 10). Stora Enso Oyj: World's oldest limited liability company. http://worldkings.org/news/europe-records-institute/worldkings- worldkings-news-europe-records-institute-euri-stora-enso-oyj-world-s-old est-limited-liability-company

第 7 章

富国银行

富国银行集团（简称"富国银行"）是一家总部设在加利福尼亚州旧金山的美国跨国金融服务公司。2015 年，该银行成为全球市值最大的商业银行，并于 2009 年和 2010 年获评"客户满意度最佳"的美国银行。根据富国银行 2015 年年报的财务评审部分，该公司当年的业务遍及 36 个国家和地区，在全球拥有 7,000 多万名客户。富国银行有三条业务线：社区银行、批发银行以及财富管理、经纪和养老。富国银行拥有超过 8,700 个网点和 13,000 台 ATM，以及约 265,000 名团队成员（富国银行 2015 年年报，第 30 ～ 31 页），是美国三大家喻户晓的企业之一，2015 年在《财富》美国 500 强企业名单中排名第 30 位。

富国银行前 CEO 兼董事长 John Stumpf 于 1982 年加入西北银行，后者于 1998 年与富国银行合并。合并之前，Stumpf 曾在西北银行担任多个职务，主要专注于信贷和收购。2005 年，Stumpf 担任富国银行 COO，直到 2007 年 6 月成为 CEO。Stumpf 于 2006 年进入董事会，2010 年 1 月成为董事长，最后于 2016 年 10 月辞职。在富国银行 2013 年年报中，John Stumpf 说道：

> 我们的愿景是满足所有客户的金融需求，帮助他们取得经济上的成功，从而让我们成为市场公认的一流金融服务公司，并成为美国最伟大

的公司之一。为实现这一愿景，我们的主要策略是增加客户使用的产品数量，并向他们提供可满足其需求的所有金融产品。我们的交叉销售战略、多元化业务模式和广泛的地理覆盖范围有助于我们在强劲和疲软的经济周期中实现增长。我们可以扩大现有客户从我行购买的产品数量、在扩展的市场中吸引新客户并提高在许多业务领域的市场份额，以此实现增长。

将强大的客户关系和敬业的销售文化相结合的文化和经济模式奠定了富国银行成功的基础。2013 年，《美国银行家》杂志将 John Stumpf 评为"年度银行家"。

几十年来，富国银行一直享有极佳声誉，因为该行在 2008 年金融危机期间几乎安然无恙。富国银行业务战略的一个关键部分是交叉销售，即鼓励现有客户购买其他银行服务。例如，鼓励开支票账户的客户办理抵押贷款或开立信用卡或网上银行账户。零售银行的成功在一定程度上是由客户购买产品的平均数量来衡量的，而富国银行一直是最成功的交叉销售银行。交叉销售业务提升了富国银行的销售业绩，引得其他银行纷纷效仿。然而，《华尔街日报》将这种做法描述为一种棘手的销售技巧（Smith，2011 年）。

2008 年全球金融危机爆发后，美国银行业利润缩水，富国银行对交叉销售的侧重点开始从产品多样化转向单纯提高销量。富国银行实施了非常严格的销售计划，销售人员的销售目标细化到每月、每周甚至每天。例如，其 CEO 的口号是"卖到八个就很棒"，鼓励富国银行员工向每一位客户售出八个富国银行产品。分行管理人员也给员工施加了很大压力，每小时审核一次。如果当天的目标没有达到，员工就必须晚上加班或周末不休息。然而，事实证明，这些销售计划是压在该行员工身上的重担，他们难以满足严格的定额和管理人员提出的更高要求。

7.1 丑闻曝光

2016 年 9 月，在对富国银行长期违法销售行为进行调查后，媒体和法定机构对此进行了曝光。银行员工在未经客户同意的情况下开设了多达 200 万个未经授权的账户。2016 年底，富国银行因从事非法销售活动而被消费者金融保护局（CFPB）和货币监理署（OCC）等多个监管机构罚款 1.85 亿美元。富国银行 CEO John Stumpf 于 2016 年 10 月 12 日宣布辞职。

7.1.1　Carrie Tolstedt 和社区银行

Carrie Tolstedt 曾是社区银行部门负责人，并在 2015 年管理富国银行的大型零售银行部门。Carrie Tolstedt 负责监督社区银行以高压力和高增长为特点的交叉销售计划。Tolstedt 负责向中层管理人员施压，要求其大幅提高银行的交叉销售比率——这是衡量每个客户账户数量的指标。为了提高销售额，她在员工中推广激烈竞争的文化，包括每天使用记分卡并以小时为单位监督进展。尽管员工向上司报告了无法实现目标和工作中的不当行为，但公司设定的期望却丝毫不降低。在上司给的压力下，员工经常未经客户同意就擅自为客户开立账户。Michael Corkery（2016a，2016b）在《纽约时报》发布的报道中称，富国银行的员工"未经客户授权擅自开立了多达 150 万个支票和储蓄账户，以及超过 50 万张信用卡"（2016 年 9 月 9 日，B 版，第 1 页）。员工开立新的信用卡和支票账户以及与客户签约网上银行等产品后就会获得奖金。根据《BBC 新闻》的报道⊖，加利福尼亚州财政部部长江俊辉称："富国银行对其客户的掠夺……往好了说，表明该行缺乏制度控制，往坏了说，就是一种肆意推动贪婪无度的文化。"丑闻曝光后，Tolstedt 迫于压力于 2016 年 7 月辞职。

7.1.2　客户投诉

2011 年，Randall Smith 在《华尔街日报》上发文评论富国银行的销售文化和交叉销售策略及其对客户的影响。2013 年，《洛杉矶时报》开展的一项调查显示，银行管理人员和银行专员都承受着巨大的压力，因为他们要按照极其激进甚至是反数学常理的定额进行生产和销售（Reckard，2013 年）。在这篇文章中，首席财务官（CFO）Timothy Sloan 表示，他对任何"跋扈的销售文化"都不知情（Reckard，2013 年）。⊜富国银行的客户在被收取因毫不知情的信用卡或借记卡而产生的毫不知情的费用后，开始投诉并注意到这些欺诈行为。2013 年 11 月，《洛杉矶时报》的 Reckard 采访了 28 名前富国银行员工和 7 名现任富国银行员工，了解到他们在客户不知情的情况下伪造客户签名，以开立新账户或发行借记卡和信用卡。这些采访揭露了富国银行成功背后残酷的定额销售政策。

⊖⊜　https://www.bbc.com/news/business-37491982。

富国银行员工欺骗、误导和隐瞒客户，在未经客户同意的情况下获取客户个人数据，在未经客户许可的情况下使用这些非法获取的数据为客户开立银行账户或订购相关产品和服务，以从中牟利。在客户向富国银行告知个人数据泄露后，富国银行并没有停止非法行径，也没有履行及时通知客户数据被滥用的义务。

7.1.3 OCC 调查

2011 年底，OCC 在了解了一系列客户投诉后，开始对富国银行进行调查。OCC 调查报告揭露了富国银行员工在 2016 年执行民事罚款同意令时的一系列不透明甚至是欺诈性的销售行为。

这些非法销售行为可以归纳如下：

1. 富国银行未经客户同意便擅自为其申请信用卡、开立储蓄账户、将资金从一个账户转到另一个账户、开立信用卡账户并发行借记卡。该行还在申请时擅自使用客户的联系信息，以防止客户发现欺诈行为。

2. 银行员工开立欺诈性的支票和储蓄账户，有时还涉及从合法账户转账。这些额外产品的开立是通过一个所谓的"固定"流程完成的。银行员工通过将客户的 PIN 码设为 0000，就能控制客户的账户，并可让客户注册网上银行等程序。

虽然《洛杉矶时报》报道了这一争议，但该事件直到 2016 年 9 月才引起全国关注。2016 年底，CFPB、洛杉矶市检察官办公室和 OCC 宣布，富国银行将因非法活动而被罚款 1.85 亿美元。该决定一经宣布，在随后几天里得到了媒体的广泛报道，并引起了更多相关方的关注。

7.1.4 富国银行的最初回应

随着监管机构处罚富国银行的新闻传开，一些媒体将事件归咎于富国银行的销售文化。然而，富国银行否认其销售文化助长了员工非法行为，并称"……欺诈行为并非有意为之"。○富国银行的高管和发言人对外依旧坚持声称该问题是个

○ https://www.nytimes.com/2016/09/10/business/dealbook/wells-fargo-apologizes-but-doesnt-admit-misconduct.html。

别员工的销售行为，而非更广泛的企业文化。其企业文化从未从以客户为中心进行谨慎经营变为激进地追求利益。这些违规行为仅仅是少数雇员道德败坏所致，银行已经严肃处理了这部分雇员。富国银行做出的最初回应是解雇了约 5,300 名涉嫌参与欺诈活动的初级员工（占员工总数的 1%）。然而，解雇违反政策的员工无法从根源上解决此类违规行为，也不能在蔓延前发现和预防这些问题（Witman，2018 年）。

7.1.5　丑闻带来的损害

富国银行承认，自 2011 年以来，其部分员工使用客户数据开立虚假账户以赚取佣金。之后在 2016 年 9 月，富国银行同意支付 1.85 亿美元罚款以与监管机构达成和解。2017 年 7 月，富国银行透露在该行办理汽车贷款的客户在不知情的情况下购买了不必要的保险，导致数万名客户因无力偿还贷款和支付保险金而被收回汽车。2018 年 4 月，富国银行同意向监管机构支付 10 亿美元罚款，来了结汽车和抵押贷款业务中的不当行为。

2016 年底，CFPB、洛杉矶市检察官办公室和 OCC 分别对富国银行采取了监管行动。各监管机构要求富国银行支付共计 1.85 亿美元的罚款，并对公司治理政策和制度进行整改。此外，富国银行被要求向客户退还约 250 万美元的费用，并聘请一名独立顾问审查其程序。截至 2018 年底，针对富国银行的其他民事和刑事诉讼金额已累计达 27 亿美元。该行在 2011 年至 2016 年期间解雇了约 5,300 名涉嫌欺诈销售行为的员工，并在 2016 年 9 月宣布缴纳罚款后，暂停了其分行的销售定额制度。CEO John Stumpf 于 2016 年 10 月 12 日辞职。

丑闻曝光后，该行第一季度的盈利能力有所下降。2017 年 1 月发布盈利报告后，该行宣布其约 6,000 家分行中的 400 多家分行将在 2018 年底关闭。仅 2016 年 9 月 8 日到 10 月 13 日短短一个月左右的时间内，富国银行的市场价值就缩水了 1.3%（约 200 亿美元）（见图 7.1）。2016 年 10 月 4 日，惠誉评级将其对富国银行的评级展望从"稳定"修改为"负面"。此外，加利福尼亚州宣布未来 12 个月暂停投资富国银行的证券，伊利诺伊州、芝加哥和西雅图等地政府也表示将限制与富国银行的业务关系，以此作为对其欺骗行为的制裁。富国银行因丑闻事件而受到的持续监管审查对该行 2020 年的业绩也产生了影响。

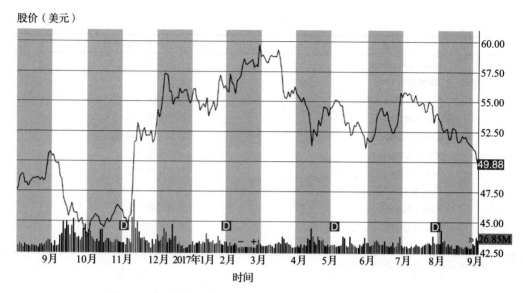

图 7.1　富国银行股价（资料来源：http://yahoofinance.com。）

7.2　富国银行的公司治理问题

7.2.1　董事会及其监督运营的作用

根据富国银行 2014 年年报，该行董事会由十几名成员组成。董事委员会成员如表 7.1 所示。富国银行采用分散化结构，因此高级管理层拥有很大的权力和自主权，业务部门也拥有自己的风险和人力资源管理体系。富国银行董事委员会结构如图 7.2 所示。董事会下设七个常务委员会：审计和审查委员会、公司责任委员会、信贷委员会、财务委员会、治理和提名委员会、人力资源委员会以及风险委员会。行政领导团队由总裁兼 CEO 领导。该职位由各位执行官提供支持，包括总法律顾问和首席风险官。每个主管都负责一个特定业务领域。

表 7.1　富国银行董事会（2014 年）

姓名	在董事会的职位
John G.Stumpf	董事长、总裁兼 CEO
Paul R.Ackerman	财务主管
Anthony R.Augliera	公司秘书
J.Rich Baich	首席信息安全官
Patricia R.Callahan	首席行政官
Derek A.Flowers	首席信贷官
Yvette R.Hollingsworth	首席合规官
David M.Julian	首席审计师

（续）

姓名	在董事会的职位
Hope A.Hardison	人力资源
Richard D.Levy	总管
Michael J.Loughlin	首席风险官
Jamie Moldafsky	首席营销官
Kevin D.Oden	首席市场风险官
Kevin A.Rhein	首席信息官
Joseph J.Rice	首席运营风险官
John R.Shrewsberry	首席财务官
James M.Strother	总法律顾问
A.Charles Thomas	首席数据官
Carrie L.Tolstedt	社区银行

资料来源：富国银行 2014 年年报。

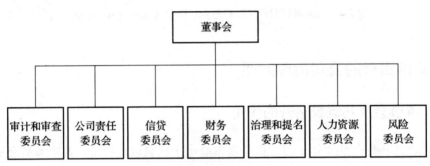

图 7.2　富国银行董事委员会结构

最初的调查报告将矛头指向了富国银行的分行员工和管理人员，特别是他们在销售各种解决方案或金融产品时的相关销售行为（Corkery，2016a，2016b）。后来矛头又转向了高层管理人员和公司财务激励政策施加的压力上。⊖2017 年 4 月，董事会发布了其独立调查报告，将丑闻发生的原因主要归为以下几个方面。

首先，当员工实施不当行为的新证据被发现时，Stumpf 不仅没有干涉 Carrie Tolstedt 的行为，反而继续称赞她是美国最出色的银行家，并支持她激进的管理风格。当董事会提出这个问题时，Stumpf 为 Tolstedt 辩护，称交叉销售是一项长期战略。董事会因此无视了客户对该行员工不道德行为的投诉。Stumpf 与 Tolstedt 相识已久，这可能影响了他的判断。他的行为导致富国银行反应太慢，未能及时调查或充分质疑社区银行的销售行为。Stumpf 未能意识到问题的严重性和富国银行面临的巨大声誉风险。此外，据报道，这些有争议的销售行为导致管理层的收入增加，获

⊖　https://www.latimes.com/business/la-fi-wells-fargo-sale-pressure-20131222-story.html。

得了高额报酬。根据富国银行 2015 年年报，董事会成员也因员工服务获得了丰厚报酬。[一]因此，富国银行更容易将未经授权开立账户和员工的其他不当行为归咎于违规者个人问题和管理不善，而非社区银行的销售模式。

其次，Sloan 于 2011 年至 2014 年期间担任 CFO，后担任批发银行负责人，直到 2015 年 11 月升任总裁兼 COO；他当时是 Tolstedt 的经理。但是，在升任总裁兼 COO 之前，他的各种职位和职责都鲜少直接参与销售实践。从他曾担任的前两个职位来看，Sloan 似乎没有什么销售实践经验。因此，富国银行错过了分析、评估和提升其销售实践的机会。直到 2014 年，董事会才确定销售问题是值得关注的风险。

最后，道德实践也至关重要。如果员工认为自己的销售业绩高于预期，并能受到激励，就不会做出不道德的行为。企业领导者必须为其公司的品德观念和道德标准承担个人责任（Cavico 和 Mujtaba，2017 年）。在本案例中，商业道德和员工的社会责任感非常重要。然而，富国银行的不良销售行为恰恰违反了基于诚实和责任的基本商业道德。

7.2.2 分散的风险控制结构

由于富国银行设立了分散的控制资源职能部门，因此在丑闻发生之前，其公司层面对社区银行的洞察力和影响力有限。

第一，风险资源的大部分职责和职能都已嵌入到各业务线中。例如，在风险方面，社区银行的风险管理人员主要向其部门负责人报告，而仅间接向风险委员会报告。富国银行分散的公司结构向社区银行的高管赋予了太多的自主权。他们不愿改变或更新其销售模式，甚至不愿承认这可能是导致问题的原因之一，因为交叉销售过去为公司带来了巨大的利益。此外，社区银行的领导层也会抵制和阻碍外部审查或监督。因此，风险委员会对社区银行的权力、影响力和洞察力都有限。

第二，服从业务线的销售文化渗透到了控制资源职能部门。Stumpf 曾是富国银行的董事长兼 CEO。由于这位前 CEO 依赖于几十年的交叉销售成功经验和积极的客户和员工调查结果，因此他不愿意质疑社区银行的销售模式。尽管许多员工甚至高级管理层都意识到社区银行的销售行为存在严重问题，但大多数人并没有及时采

〇 人事费用（包括薪资、佣金、奖金和员工福利在内）比 2014 年增加了 7.39 亿美元，增幅达 2%，增加的原因是年薪增长、各部门员工人数增加以及与收入挂钩的奖金增加（富国银行 2015 年年报，第 44 页）。

取行动来解决问题。他们都依赖于 Tolstedt 和她的高级管理人员来实施纠正措施。这种顺从文化能产生格外强大的力量——Tolstedt 因其在社区银行领域的成功、CEO 的鼎力支持而受到尊重，并因抵制外部干涉和监督而闻名。

第三，由于审计委员会侧重于财务和法律事务，因此销售诚信实践的问题鲜有人问津，直到 2013 年才得以解决。2015 年初，管理层报告称纠正措施正取得成效。审计委员会定期就此问题进行讨论。但是，管理层报告中并未准确地表述问题的严重程度。《洛杉矶时报》首次报道不道德行为后，风险委员会主席 Hernandez Jr. 要求富国银行首席风险官 Mike Loughlin 更密切地监督销售诚信问题。直到 2014 年 2 月，销售诚信问题才首次被风险委员会列为关注问题。

因此，富国银行分散的公司结构在没有必要监督机制的情况下，向社区银行的高级领导层赋予了太多的权力和自主权，并鼓励员工顺从有自己的一套风险和人力资源管理体系的业务部门。富国银行分散的组织结构意味着社区银行在集中的职能部门中设有平行单位，而这降低了富国银行在公司层面对社区银行的洞察力和影响力（Tayan，2019 年）。

7.2.3　内部检举系统

富国银行的内部检举系统漏洞百出。2016 年 12 月，据透露有三名检举者，即谨慎的员工，向地方和国家管理部门、道德问题举报热线以及某些情况下向 CEO 举报了其他员工的欺诈销售行为，○但是他们的检举不仅未得到正面回应，还导致其因举报有争议的销售行为而遭到降职、被迫辞职或被解雇。尽管富国银行明令禁止对举报可疑行为的员工实施报复，但该公司仍决定解雇这些员工。富国银行在收到客户投诉后，既未通过合理的分析来跟进和识别潜在风险，也未能承担外部客户监督的职责。

7.2.4　外部审计师

丑闻爆发期间，富国银行的外部审计师是四大会计师事务所之一的毕马威，其在开展富国银行审计工作的过程中缺乏职业怀疑态度。毕马威担任富国银行的审计师已超过 85 年，在此期间发生了这起丑闻事件。参议员 Elizabeth Warren、Bernie

---

○ https://www.bloomberg.com/news/articles/2017-01-26/prudential-says-trio-in-whistle-blower-case-fired-for-misconduct。

Sanders、Mazie Hirono 和 Edward Markey 在 2016 年 10 月致信毕马威提出质疑：审计师对富国银行出具了明确的审计意见，并认定该行"对财务报告维持了……有效的内部控制"。⊖KPMG 回信称其早在 2013 年就意识到"富国银行员工的不道德和非法行为，包括涉及这些不道德销售行为的事件"。⊜然而，毕马威董事长兼 CEO Lynne Doughtie 表示，毕马威"确信管理层的适当成员对此类行为完全知情"（McKenna 和 Riquier，2017 年）。⊜尽管如此，审计师仍未能向投资者解释这些问题，无论是在出具的审计意见、对银行内部控制的意见中，还是在其他方面。毕马威还观察到，2013 年和 2014 年的内部调查导致部分员工被解雇，而后这些员工于 2015 年被洛杉矶市起诉。

但毕马威指出，其职责是从财务报告角度评估富国银行财务报表和内部控制的有效性。正如 Doughtie 在回信中所述，"从财务报告角度来看，不当销售行为并不涉及财务报告的临界控制"。毕马威还表示，富国银行的不当行为"不涉及财务报告的任何临界控制"。毕马威认为，其对富国银行合并财务报表的审计和审查，均按照适用的专业标准进行了适当的计划和执行。毕马威甚至聘请了一名外部顾问来研究未经授权开立账户导致的财务影响。该顾问得出如下结论：在五年内与未经授权开立账户有关的费用累计不到 500 万美元。毕马威指出，富国银行仅 2015 年的净收入就达到约 230 亿美元，参与开立虚假账户的任何员工都未对财务报告产生任何影响。因此，毕马威仍坚持其审计意见并对结果进行监督。

多年来，美国上市公司会计监督委员会（PCAOB）制定了一项有争议的标准，要求审计师在审计报告中披露关键审计事项（CAM）。CAM 是指已经或应该传达给审计委员会的事项，涉及对公司财务报表具有重大影响的账目或披露，尤其涉及具有挑战性、主观性或复杂性的审计师判断。仅根据可公开获得的信息很难判断有资格披露 CAM 的审计师是否考虑到开立虚假账户的问题，也不清楚毕马威是否与审计委员会讨论过此事。

7.2.5　监管机构

虽然 OCC 的首席审计师在参议院作证称 OCC 实施了多项措施来规范银行的销

⊖ https://www.warren.senate.gov/files/documents/2016-10-27_Ltr_to_KPMG_re_Wells_Fargo_Audits_FINAL.pdf。

⊜ http://www.warren.senate.gov/files/documents/2016_11_28_KPMG_Response.pdf。

⊜ https://assets.kpmg/content/dam/kpmg/pdf/2016/03/kpmg-code-of-conduct-latest.pdf。

售行为，CFPB 也反复强调了其保护金融消费者的承诺，但是仅从结果来看，OCC 和 CFPB 作为监管机构都是失职的。首先，由于资源有限，CFPB 和其他监管机构可能无法履行其职能。其次，监督的有效性还取决于监管措施的实施情况。

此外，美国的金融监管采用的是多重监管体系。由于美国不同监管部门的权限划分有多种角度，各个监管机构的监督依据和范围虽不同，但在实际操作中却很容易发生监督重合甚至是监督权互相竞争的情况。根据洛杉矶市检察官办公室与富国银行之间的和解协议，CFPB 是唯一督促富国银行执行和解协议中相关风险防范约定的主管部门，这要求 CFPB 以同意执行令的方式指定具体的风险防范计划。然而，在该案例中，督促富国银行对其风险管理体系以及员工不良销售行为监测和预警体系实施详细重构的却是 OCC。

7.3　富国银行公司治理失败的教训

富国银行的丑闻已告一段落，但我们仍可从中吸取教训。

第一，不道德行为通常源于高层管理团队（Lilly 等，2021 年）。富国银行丑闻涉及其销售员工开立数百万个未经客户授权的账户，然后向不知情的客户收取费用。然而，该丑闻牵涉到社区银行的许多人，并不限于销售员工。根据该行 2021 年财务年度报告，其管理人员、会计师、人力资源员工、律师和许多其他银行员工都对此知情，却仍继续照常履行各自的行政职责。高层的管理基调是一个组织的公司治理机制的关键组成部分。公司应该以此来鼓励员工依法行事、尊重他人。然而，在富国银行的案例中，这似乎被用于鼓励员工从事可疑行为。

第二，董事会不愿意采取可能对社区银行的财务业绩产生负面影响的行动。因此，许多员工认为达不到销售目标的话，可能会（有时确实会）遭到老板批评或解雇，从而使自己的职业生涯受阻。这些参与不当行为的员工往往认为自己的行为是销售压力而非薪酬激励导致的。员工还发现，最有可能受到表扬、奖励和成为榜样的员工都是绩效出色的销售人员。

第三，CFPB 对富国银行的要求之一是聘请独立顾问，彻查该行的销售实践、程序和销售目标激励措施。该行目标设定过于激进，营造的氛围让身在其中的员工感到压力巨大，不得不参与不道德的销售行为。富国银行应从这些事件中吸取教训，采取积极措施来解决合规问题，并审查不合理的公司条款。富国银行应防范价值漏损，并审查其当前的销售目标激励措施和销售实践。

第四，富国银行应关注银行高管的个人责任，并改善回拨机制条款。例如：高层管理人员应为银行员工开立的数百万个欺诈性账户负责；银行必须强化代理人绩效奖励和违规惩罚措施，一旦发现代理人有违法违规行为，应建立严格的追偿和惩罚机制，以提高违法违规行为的代价。富国银行案例中的关键事件见表 7.2。

表 7.2　富国银行案例：关键事件

时间	描述
2007—2010 年	Stumpf 于 2007 年 6 月成为富国银行 CEO，2010 年 1 月被选为董事长
2011 年	《华尔街日报》发文评论富国银行的销售文化和交叉销售策略及其对客户的影响
2013 年	《洛杉矶时报》开展的一项调查显示，银行管理人员和银行专员都承受着巨大的压力，因为他们要按照极其激进甚至是反数学常理的定额进行生产和销售
2011—2016 年	富国银行开立了约 1,534,280 个未经授权的支票和储蓄账户和 565,433 个信用卡账户，解雇了约 5,300 名员工
2016 年 9 月	富国银行被 CFPB 等多家监管机构罚款合计达 1.85 亿美元；Stumpf 出席参议院银行委员会听证会；富国银行宣布终止其销售定额制度
2016 年 10 月	Stumpf 辞职，结束 34 年的职业生涯
2017 年 4 月	富国银行董事会收回以津贴或福利形式发放给参与有争议销售计划的高管的资金
2017 年 8 月	富国银行内部调查发现了 140 多万个未经授权的账户
2018 年 4 月	富国银行同意向监管机构支付 10 亿美元罚款，来了结汽车和抵押贷款业务中的不当行为
2018 年 12 月	总检察长发布的和解声明显示，富国银行已经支付了 23 亿美元的和解和同意令罚款，加上 5.75 亿美元的和解金，总额已接近 30 亿美元

讨论问题

1. 讨论富国银行对诚信和道德价值观的承诺。

2. 富国银行的高管为何没有认识到非法销售问题的系统特征，且没有采取必要的措施来解决此问题？讨论富国银行委员会结构的总体控制效果。

3. 你认为董事会充分履行其监督职责了吗？

4. 绩效管理体系在公司治理中起到什么作用？公司在激励体系中以交叉销售额作为指标是否有错？以富国银行为例进行讨论。

5. 讨论富国银行董事会在交叉销售丑闻中应承担的责任。你认为董事会应承担多少责任？

6. 富国银行的外部审计师毕马威表示，交叉销售丑闻涉及的金额很小，但这对该行声誉的损害很大。在财务审计中处理此类问题时，审计公司或审计师应做何准备？

参考文献

Aspan, M. (2013, November 21). Wells Fargo's John Stumpf, the 2013 banker of the year. *American Banker*. https://www.americanbanker.com/news/wells-fargos-john-stumpf-the-2013-banker-of-the-year

Cavico, F. J., & Mujtaba, B. G. (2017). Wells Fargo's fake accounts scandal and its legal and ethical implications for management. *SAM Advanced Management Journal, 82*(2), 4–19.

Corkery, M. (2016a, September 8). Wells Fargo fined $185 million for fraudulently opening accounts. *The New York Times*. https://www.nytimes.com/2016a/09/09/business/dealbook/wells-fargo-fined-for-years-of-harm-to-customers.html. Accessed 13 Nov 2021.

Corkery, M. (2016b, September 8). Wells Fargo offers regrets, but doesn't admit misconduct. *The New York Times*. https://www.nytimes.com/2016b/09/10/business/dealbook/wells-fargo-apologizes-but-doesnt-admit-misconduct.html. Accessed 13 Nov 2021.

Egan, M. (2016, 21 September). I called the Wells Fargo ethics line and was fired. *CNN Money*. https://money.cnn.com/2016/09/21/investing/wells-fargo-fired-workers-retaliation-fake-accounts/. Accessed 13 Nov 2021.

Glazer, E. (2016, September 16). How Wells Fargo's high-pressure sales culture spiraled out of control. *The Wall Street Journal*. https://www.wsj.com/articles/how-wells-fargos-high-pressure-sales-culture-spiraled-out-of-control-1474053044. Accessed 13 Nov 2021.

Lilly, J., Durr, D., Grogan, A., & Super, J. F. (2021). Wells Fargo: Administrative evil and the pressure to conform. *Business Horizons, 64*(5), 587–597.

McKenna, F., & Riquier, A. (2017, August 21). Where was KPMG, Wells Fargo's auditor, while the funny business was going on? *MarketWatch*. https://www.marketwatch.com/story/where-was-wells-fargos-auditor-kpmg-while-the-funny-business-was-going-on-2017-08-17. Accessed 13 Nov 2021.

Mims, J. H. (2017). The Wells Fargo scandal and efforts to reform incentive-based compensation in financial institutions. *North Carolina Banking Institute, 21*, 429.

OCC assesses penalty against Wells Fargo, orders restitution for unsafe or unsound sales practices. https://www.occ.gov/news-issuances/news-releases/2016/nr-occ-2016-106a.pdf

Office of Enterprise Governance and the Ombudsman. (2020). https://treasury.gov.au/sites/default/files/2021-10/p2021-216241-tsy-annual-report-2020-21.pdf

Office of the Comptroller of the Currency. (2017). *Lessons learned: Review of supervision of sales practices at Wells Fargo*. https://www.occ.gov/publications-and-resources/publications/banker-education/files/pub-wells-fargo-supervision-lessons-learned.pdf

Reckard, E. S. (2013, December 21). Wells Fargo's pressure-cooker sales culture comes at a cost. *The Los Angeles Times*. https://www.latimes.com/business/la-fi-wells-fargo-sale-pressure-20131222-story.html. Accessed 13 Nov 2021.

Smith, R. (2011, February 28). In tribute to Wells, banks try the hard sell. *The Wall Street Journal*. https://www.wsj.com/articles/SB10001424052748704430304576170702480420980. Accessed 13 Nov 2021.

Tayan, B. (2019). *The Wells Fargo cross-selling scandal*. Rock Center for Corporate Governance at Stanford University Closer Look Series: Topics, Issues and Controversies in Corporate Governance, No. CGRP-62 Version 2, Paper No. 17–1.

Verschoor, C. C. (2016). Lessons from the Wells Fargo scandal: The latest ethics scandal to hit the banking world demonstrates the importance of ethical influences in regard to company culture, risk evaluation, employee incentives, and more. *Strategic Finance, 98*(5), 19–21.

Wells Fargo. (2017). *Independent investigation report, independent directors of the board of Wells Fargo & Company sales practices investigation report*. https://www08.wellsfargomedia.com/assets/pdf/about/investor-relations/presentations/2017/board-report.pdf

Wells Fargo & Company. (2013). *Wells Fargo & Company long term incentive compensation plan*. https://teamworks.wellsfargo.com/loginhelp/lticpdocs/Plan_Document.pdf

Wells Fargo & Company. (2015). *2015 annual report*. https://www08.wellsfargomedia.com/assets/pdf/about/investor-relations/annual-reports/2015-annual-report.pdf

Witman, P. D. (2018). 'What gets measured, gets managed'—The Wells Fargo account opening scandal. *Journal of Information Systems Education, 29*(3), 131–138.

第 8 章

CommInsure

CommInsure 是澳大利亚最大的人寿保险公司之一。该公司是澳大利亚最大的银行澳大利亚联邦银行（CBA）的一个保险部门。CBA 成立于 1911 年，曾作为澳大利亚的中央银行长达 50 年。该行于 1991 年在澳大利亚证券交易所上市，随后分三个阶段实行私有化，并于 1997 年完成。2021 年，CBA 已发展为一家拥有 870,000 名股东（87% 的股份为澳大利亚人所有）和 46,189 名员工的公司。该公司在 2021 年持有和管理的总资产约为 10,920 亿澳元。CBA 总部位于悉尼，目前是澳大利亚最大的银行，并在新西兰、亚洲、美国和英国设有 1,267 家分行。CBA 提供金融服务，包括零售银行、机构银行、基金管理、保险、投资和经纪服务，旗下有多个品牌，例如 Bankwest、Colonial First State Investments、ASB Bank（新西兰）、Commonwealth Securities（CommSec）和 Commonwealth Insurance（CommInsure）。CBA 素以稳健经营著称，享誉全球，是长期信用评级在 AA 以上的八家银行之一。CBA 在 2010 年、2011 年被《亚洲银行家》杂志评为亚洲最佳零售银行。

表 8.1 为根据 CBA 2014 年至 2021 年年报得出的重点财务数据。2014 年至 2021 年间，CBA 总资产价值从 7,910 亿澳元增至 10,910 亿澳元，营业收入保持稳定。其资本比率在 2021 年达到 13.1%，表明其具有强大的财务实力。然而，CBA 的每股

收益（EPS）从 2014 年的 532.7 澳元小幅下降至 2021 年的 488.5 澳元，净资产收益率（ROE）从 2014 年的 18.7% 大幅下降至 2021 年的 11.5%，表明 CBA 近年来盈利能力和投资回报率均有所下降。

表 8.1　CBA 2014—2021 年的重点财务数据

重点财务数据	2014 年	2015 年	2016 年	2017 年	2018 年	2019 年	2020 年	2021 年
总资产 / 十亿澳元	791	873	933	976	975	976	1,025	1,091
增长率		10.37%	6.87%	4.61%	−0.10%	0.10%	5.02%	6.44%
税后净利润 / 百万澳元	8,680	9,127	9,445	9,696	9,233	8,492	7,225	8,653
增长率		5.15%	3.48%	2.66%	−4.78%	−8.03%	−14.92%	19.76%
营业收入 / 百万澳元	22,166	23,368	24,606	25,257	24,917	24,407	23,758	24,156
增长率		5.42%	5.30%	2.65%	−1.35%	−2.05%	−2.66%	1.68%
资本比率	10.60%	9.10%	10.60%	10.10%	10.10%	10.70%	11.60%	13.10%
增长率		−14.15%	16.48%	−4.72%	0.00%	5.94%	8.41%	12.93%
每股收益 / 澳元	532.7	556.9	554.8	563.4	528.6	462.5	408.5	488.5
增长率		4.54%	−0.38%	1.55%	−6.18%	−12.50%	−11.68%	19.58%
净资产收益率	18.70%	18.20%	16.10%	15.70%	14.10%	12.50%	10.20%	11.50%
增长率		−2.67%	−11.54%	−2.48%	−10.19%	−11.35%	−18.40%	12.75%

资料来源：CBA 年报（2014—2021 年）。

在保险收入方面，在爆发拒绝理赔丑闻之前，CBA 的保险收入很高（2014 年为 8.19 亿澳元）（见表 8.2）。然而在 2014 年后，由于理赔体验的恶化以及丑闻曝光导致的理赔增加，该公司的保险收入大幅下降。2017 年，CBA 保险收入降至 7.86 亿澳元。根据 2018 年年报（见表 8.3），CBA 将三项保险业务列为在 2018 年终止经营，包括人寿保险（CommInsure Life 和 Sovereign）、Commonwealth Bank of South Africa 和 BoComm Life Insurance Company Limited 的保险业务。这表明丑闻曝光后，CBA 保险部门走向失败。

表 8.2　CBA 2014—2021 年保险收入　　单位：百万澳元

指标	2014 年	2015 年	2016 年	2017 年	2018 年[①]	2019 年	2020 年	2021 年
保险收入	819	792	795	786	293	147	141	145

资料来源：CBA 年报（2014—2021 年）。
① 2018 年，有三项保险业务被列为终止经营。

表 8.3　CBA 2018 年终止的业务　　单位：百万澳元

终止的业务数据	2018 年 6 月 30 日	2017 年 6 月 30 日	2018 年 6 月对比 2017 年 6 月
人寿保险（CommInsure Life 和 Sovereign）	242	226	7.1
Commonwealth Bank of South Africa	（82）	（57）	（43.9）

（续）

终止的业务数据	2018 年 6 月 30 日	2017 年 6 月 30 日	2018 年 6 月对比 2017 年 6 月
BoComm Life Insurance Company Limited	19	16	18.8
终止经营的税后净利润（收付实现制）	179	185	（3.2）
终止经营的税后净利润/损失（法定基准）	（46）	166	大

资料来源：CBA 2018 年年报。表中的括号表示负数。

2018 年 10 月 23 日，CBA 宣布将所持的印度尼西亚人寿保险业务 80% 的股权以 4.26 亿澳元的价格出售给富卫集团（一个领先的泛亚保险集团）。2021 年 6 月 21 日，CBA 以 6.25 亿澳元的价格将 CommInsure 出售给总部位于南非的 Hollard 集团。

8.1　丑闻曝光

2016 年 3 月 7 日，《四角方圆》（*Four Corners*，一档调查性新闻节目）播出了一部时长 50 分钟的纪录片，曝光了一名 CommInsure 内部检举者（Benjamin Koh 医生）揭发的 CommInsure 的丑闻。CommInsure 被指控使用过时的疾病定义并歪曲医生意见，以拒绝理赔。

纪录片的主人公是澳大利亚公民 James Kessel。2014 年，Kessel 经历了一次严重的心脏病发作。他此前支付了 CommInsure 人寿保险费，因此提出了保险理赔。然而，CommInsure 却拒绝赔付 Kessel，并使用过时的心脏病发作定义，以肌钙蛋白作为衡量标准，而 Kessel 的肌钙蛋白浓度未达到 CommInsure 设定的水平。根据 CommInsure 的规定，人体血液中肌钙蛋白浓度必须至少达到 2 μg/L，才能被归为严重到足以证明理赔合理的心脏病发作。CommInsure 认为 Kessel 不符合理赔资格，因为他的肌钙蛋白浓度仅为 0.488 μg/L，远低于阈值。CommInsure 的结论是，Kessel 的状况不符合该公司对"严重心脏病发作"的定义，仅同意支付 10,000 澳元的赔偿金。

2014 年初，出于对 Kessel 理赔情况的担忧，CommInsure 首席医务官（CMO）Benjamin Koh 医生立即查看了他的相关文件。Koh 发现 Kessel 的某些文件不见了，担心这些文件已被修改或销毁，便向经理 Helen Troup 提出了自己的担忧。他曾在 2014 年 5 月提议修改过时的心脏病发作定义，但被无视了。然而不到一年后，Koh 就被解雇了。由于 CommInsure 仍未解决 Kessel 的理赔问题，Koh 在 2016 年 3 月接受了《四角方圆》记者的采访。

Koh 与记者谈话后，《四角方圆》联合费尔法克斯传媒进行了为期六个月的调查，并于 2016 年 3 月播出了纪录片。纪录片揭露了 CommInsure 修改健康评估结果或医疗意见以避免人寿保险赔付，且客户文件已失踪。纪录片中还揭露了从 2013 年年中到 2016 年 3 月，19 个 CommInsure 网站投放了误导性广告，让潜在客户相信如果自己心脏病发作，他们将有权获得定额赔付。然而，他们不知道的是，只有心脏病发作符合 CommInsure 过时且限制重重的医疗标准，他们才能获得理赔。Helen Troup 明知这些广告具有误导性，却没有阻止 CommInsure 在不同的网站上投放这些广告。

在记者曝光 CommInsure 的不道德行径后，联邦政府的反对派呼吁政府就此案成立皇家专门调查委员会。政府要求 CommInsure 的监管机构澳大利亚证券和投资委员会（ASIC）就纪录片中提出的问题提交一份紧急报告。2016 年 3 月，ASIC 对 CBA 的保险部门 CommInsure 展开调查。澳大利亚政府下令参议院就该丑闻展开紧急调查。Helen Troup 承认，CommInsure 为达成其盈利目标而未能及时更新其对心脏病发作的医学定义。她还承认，该公司在各种网站和宣传单中投放的广告就承保范围的限制提供了误导性信息。

2016 年丑闻曝光后，CommInsure 声誉受损。CommInsure 保险业务收入大幅下降，并于 2018 年终止经营。最终，CommInsure 于 2018 年被出售给富卫集团，并在 2021 年被再次出售给 Hollard 集团。

8.2　CommInsure 的公司治理问题

记者和 ASIC 揭露的 CommInsure 的道德不端行为，促使我们开始审视丑闻背后的公司治理问题。CommInsure 的公司治理问题包括估损人缺乏监督、对检举者的保护不力、董事薪酬体系不平衡、审计师失职以及澳大利亚保险行业的监管疏忽。下面将对此展开详细讨论。

8.2.1　估损人缺乏监督

CommInsure 对其估损人监督不力。与索赔人相比，CommInsure 的估损人处于优势。在澳大利亚，如果索赔人对得到的赔偿不满意，则可向金融纠纷的独立仲裁机构——金融公评人机构（FOS）投诉。然而，索赔人通常处于身体不适或面临压力的状态，也可能已经失业，没有固定收入。因此，他们很容易被说服妥协，以求快速解决问题。这导致大多数索赔人都会接受保险公司提出的方案。

此外，澳大利亚的估损人通常操纵大权，但不受公司董事和管理人员的监督。CommInsure 的估损人可自行确定评估理赔需要的时间，以及在澳大利亚评估理赔的方式。最重要的是，他们拥有是否向索赔人支付赔偿的最终决定权。他们还倾向于利用公司制定的对其有利的不公平条款来逃避赔付和提高利润。CommInsure 的保单包括一项条款，允许出示"任何其他证据"，这使得该公司能够逃避赔付。例如，索赔人之一 Matthew Attwater 购买了 CommInsure 保险，2013 年 3 月他患上了抑郁症和创伤后应激障碍。他由于存在"严重的精神症状"而被认定不宜工作，但他提出的失能索赔却被 CommInsure 以他可以重返工作岗位为由驳回（Four Corners，2016 年）。这种做法在 2014 年 4 月 Troup 加入 CommInsure 担任执行总经理后愈演愈烈。医疗团队成员担心 Troup 领导的重组会以牺牲医疗团队的利益为代价，赋予理赔经理和核保人更多权力，尽管他们在独立确定客户状况方面具有重要作用。理赔经理胁迫医生修改其医疗意见，以驳回理赔并拒赔。CommInsure 之所以未能阻止此类行为，是因为其董事未对理赔评估决定进行监督和审查。《四角方圆》的纪录片中揭露了 Koh 的发现，仅 2014 年一年，CommInsure 就根据肌钙蛋白浓度这一度量指标驳回了超过 50% 的心脏病发作理赔。Koh 曾收到索赔人的反馈，指出理赔经理和医务官都监督不到位。Koh 及其团队还收到了诸多其他批评，如"不要再出馊主意了"和"不要再让案例经理选择他们建议的医生了"。虽然 Koh 曾任 CommInsure 的 CMO，但他在 2014 年 5 月提议修改过时的心脏病发作定义时也遭到了拒绝。皇家专门调查委员会调查一个月后，CBA 的 CEO Ian Narev 承认采用过时且不公平的度量指标，但表示 CommInsure 正在做出改变。Kessel 被拒赔不是孤立事件，而是反映了 CommInsure 的文化——赋予估损人和理赔经理巨大权力，而几乎不对其进行监督。尽管 CommInsure 宣称追求"证据、合理和最大诚信"（Evidenced，Reasoned and Utmost Good Faith），但由于估损人拥有权力的同时缺乏监督，CommInsure 违背了诚信行事的义务。根据《1984 年保险合同法》（ICA）第 13 条，所有保险合同应隐含诚信义务，诚信行事是保险人和被保险人双方的义务。

8.2.2　对检举者的保护不力

CBA 的检举政策失败并不是什么新鲜事。2013 年，CBA 财务规划部门丑闻曝光后，检举者 Jeff Morris 被解雇，并遭到该行威胁。2013 年 3 月，CBA 的财务规划师 Jeff Morris 向《四角方圆》披露了 CBA 规划部门管理团队的不当行为。Morris 发现 CBA 的财务规划师对可能构成犯罪的行为（伪造签名和篡改文件）视而不见。他还了解到，这些行为的受害者都被迫签署了保密协议。2013 年 6 月，费尔法克斯传媒首次发布了这一消息，引发了参议院的质询和皇家专门调查委员会对 CBA 的调查。ASIC 主席 Greg Medcraft 称，董事会仅仅提倡高度职业道德是不够的，这些信息必须进一步向下传递给中层管理人员和普通员工。

在这个案例中，Koh 是勇敢的检举者，最终与媒体对话并揭露了这桩保险行业的丑闻。作为 CommInsure 的 CMO，他是拥有信息优势的内部人士。检举政策通常旨在支持内部人士在发现其组织内非法活动时向公众发布信息，以避免损害社会和公共利益。然而，CommInsure 董事会并未能实施有效的自上而下的检举政策。虽然其检举政策承诺保护检举者并确认将采取适当行动解决问题，但 Koh 再三向董事会主要独立董事报告他的担忧后，始终未得到高层的回应。董事会承诺调查此事，但却未透露任何调查细节和结果。不到一年后，Koh 就被解雇了。CommInsure 给了 Koh 辞职并领取报酬的选择，前提是要他签署封口协议。

CommInsure 就是通过上文所述的方法让检举者封口的。检举者无法直接向中层管理人员或董事会董事传达自己的担忧。此外，在丑闻爆发之前，公司没有任何特殊保护机制。CommInsure 的丑闻曝光之后，CBA 意识到检举精神应该是鼓励公司内外的每个人都来维护社会正义。制定健全的检举政策和强有力的保护措施，可以鼓励更多的内部人士传达自己的担忧。应当指出的是，2007 年，CBA 在丑闻发生后改进了其关于检举的公司治理实践。CBA 在其 2017 年发布的《公司治理声明》中增加了"检举者保护"一节，这是在 2015 年的《公司治理声明》中所没有的内容。

8.2.3　董事薪酬体系不平衡

皇家专门调查委员会的调查结果揭示了 CommInsure 内部的利润驱动制度，CommInsure 自上而下的口号"利润高于一切"更是突出了这一点。CommInsure 的薪酬结构侧重于利润最大化，摒弃任何强制性的道德规则且无视客户和股东的权利。这种利润驱动制度说明了 CommInsure 太注重追求利润而损害了公众的利益。CBA 2015 年年报中的董事报告（第 2 节）显示，集团 CEO 和高管的薪酬包括三个要素：固定薪酬、短期激励（STI）和长期激励（LTI）（见图 8.1）。根据绩效情况，高管还可获得多达 1.5 倍于 STI 目标的薪酬。这一薪酬制度与他们的短期销售目标挂钩。此外，非财务绩效度量指标包括与关键业务优先级的一致性，如客户满意度和长期股东价值创造。LTI 是通过相对的股东总回报（TSR）和客户满意度来衡量的，权重分别为 75% 和 25%。

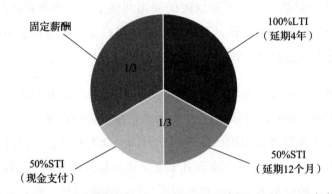

图 8.1　CBA 的高管薪酬结构（2015 年）（资料来源：CBA 2015 年年报）

聚焦于客户、公众和社区的 LTI 占比太低。根据 CBA 的薪酬结构，员工根据售出的金融和保险产品的数量获得佣金，这一制度促使员工鼓励其客户选择高风险的金融产品。CBA 的"电话交易所"文化让员工承受着达成银行短期业绩目标的巨大压力，使问题进一步恶化。

对于 CommInsure 的理赔部门，根据 CommInsure 的薪酬政策，理赔主管的薪酬与关键绩效指标（KPI）挂钩，指标包括付讫的理赔金额与总保费收入的比率。正如媒体披露的那样，这一制度鼓励估损人通过使用不同的手段来拒绝赔付客户，例如使用过时的疾病定义，将不公平条款纳入保险合同，以及胁迫医生修改其意见。因此，这些不合理的 KPI 是导致员工做出不道德行为的直接原因，而这损害了客户的利益。

CommInsure 毫不关注其薪酬结构，也不考虑进行更改，尽管管理团队都知道这一结构并不合理。针对该公司的薪酬结构，CBA 董事长 Catherine Livingstone 承认董事会只对 CEO 的薪酬建议讨论了 10 分钟，这样肯定是不够的（Janda，2018 年）。Livingstone 证实，截至 2011 年，CBA 从未因尚未公开的风险相关事件而降低高管的短期薪酬。董事会认为，只有当事件被公之于众时，才会有不良后果。不幸的是，CommInsure 丑闻在 2016 年被媒体曝光，存在问题的薪酬结构也随之曝光。

此外，CommInsure 的高管薪酬过高损害了股东的利益，也受到了股东的抨击。

在 2016 年的年度股东大会上，近 49% 的股东投票否决了高管薪酬报告。澳大利亚股东协会称，董事的可变薪酬已经变得主观恣意，不再可衡量。根据 2016 年董事报告（第 3 节），董事薪酬与绩效密切相关。财务业绩在 CEO、高级管理人员和管理支持职能部门的管理人员薪酬中所占权重分别为 40%、45% 和 25%。当一家公司的财务业绩提高时，其高管薪酬增加是合理的。然而在 CommInsure，董事将其个人利益放在第一位，而不顾对股东和客户利益的负面影响。这导致 CommInsure 的薪酬激励措施被公众视为不当的，并饱受公众批评。

8.2.4 审计师失职

CommInsure 的外部审计师是四大会计师事务所之一的德勤。德勤的审计报告中未指出 CBA 有任何与其人寿保险合同和理赔付款相关的问题。德勤的审计报告中未发现 CommInsure 有任何逃避赔付的迹象。

德勤的审计报告记录了经过其审查的 797 项被拒理赔，占所有被拒理赔的 20%，每项理赔均使用德勤设计的流程进行评估，以确定根据 CommInsure 当时的程序和流程，理赔是否应该被拒。经过审查，德勤将 20% 的理赔（41 项理赔）退回给人寿保险公司，让其重新评估驳回理赔的最初决定。在德勤审查后，只有 9 名客户收到了付款，约占所有审查理赔的 1%。审查结束时，德勤在其审计报告中为 CommInsure 澄清了所有问题："未发现该公司任何与历史上理赔数量下降有关的系统性问题，也未发现任何证据表明当前和计划中的理赔处理流程改进可能会系统性地导致糟糕的客户结果"（Eyers 和 Uribe，2017 年）。德勤审计报告的结论表明其并未充分深入地审查这一事项，并暴露了以下问题。

第一，在审查的 797 项被拒理赔中，德勤未曾与任何索赔人或其家庭成员进行过面谈。这对任何调查而言都是严重的疏漏。德勤在审查时仅依赖于 CommInsure 提供的档案和文档，而这些内容可能已被篡改。第二，在 CommInsure 理赔处理的错误方面，德勤在审计报告中承认存在错误，但由于数据限制，并未量化错误。然而，报告并没有指出数据限制问题是否频繁到足以成为问题。第三，德勤没有调查 CBA 的薪酬制度和激励措施的适当性，而这些薪酬制度和激励措施可能正是驱使员工拒赔的因素。

作为一家保险公司，CommInsure 存在明显的虚假声明和欺诈风险迹象，如大量不公平的拒赔、夸大的销售额，而德勤却没有发现。鉴于这些因素，审计师应根据

CommInsure 的治理环境来制定风险评估战略，并对存在较高虚假声明风险的账目（如理赔付款）实施特定的审计程序。此外，德勤没有审查 CommInsure 与其理赔评估相关的责任政策和程序，因此无法确保该公司采用了适当的保险费率和保费，也无法确保该公司遵守监管法规。德勤应仔细检查一些关键文件（即保险合同和保险评估决定）和账目（即理赔和佣金、保险人和估损人的薪酬），以防 CommInsure 有任何不当行为。

8.2.5　澳大利亚保险行业的监管疏忽

CommInsure 和 CBA 并不是澳大利亚仅有的被指控存在不当行为的金融公司，西太平洋银行和澳大利亚国家银行这样的大型银行也都面临类似的指控。CBA 曝光的一系列金融丑闻表明，澳大利亚的金融机构并没有很好地为客户服务，且监管部门也没有严格履行监管职责。

在澳大利亚，ASIC 和澳大利亚审慎监管局（APRA）共同负责保险业的监管工作。ASIC 负责执行管理该行业的法律，以最大限度地减少不当行为，并提升客户对保险业的信心和促进知情参与。这一监管义务是通过 FOS 以及信贷和投资监察专员（CIO）这两个外部争议解决（EDR）方来履行的，包括银行、金融顾问和其他金融服务提供商在内的成员向其提供资金。由于金融机构需自行执法，因此澳大利亚的监管框架中有一个重要的自我规范和自我监管要素。

澳大利亚建有一个成熟的监管体系，然而监管机构却没有采取强有力的措施来执行规管银行的法律。CommInsure 的丑闻公之于众后，ASIC 对此案的结论令公众颇为失望。ASIC 只向 CommInsure 提出了简单的建议，即"更好地对待顾客"，却没有实施任何处罚。这只是 ASIC 在打击公司行为不端时不作为的例子之一。

继《四角方圆》播出关于 CommInsure 的纪录片后，ASIC 的一份报告指出，37% 的人寿保险建议都不符合法律规定（ASIC 对金融业的审查报告，2016 年 3 月），这促使澳大利亚议会开始加强对该行业的监管。政府还下令 ASIC 开展紧急调查，以确定 CommInsure 的争议性行为是不是整个行业的系统性问题。这次调查之后，澳大利亚财政部长表示，ASIC 的执法措施通常无效。ASIC 现任主席 James Shipton 和前任主席 Greg Medcraft 都承认，ASIC 可能对澳大利亚的大型银行过于宽容友好，并指出"澳大利亚在某种程度上是白领（罪犯）的天堂"（Mitchell，2014 年）。ASIC 被《四角方圆》称为"旁观者"而非"厉害的监督者"，因为 ASIC 惯常实施的是行政或协商制裁，而不会采取更有力的措施。Medcraft 称 ASIC 没有足够的资金和资源，这限制了 ASIC 打击公司不端行为的能力。结果，ASIC 宽松的监管执法给银行实施不当行为留出了更多余地（Mitchell，2014 年）。

8.3　CommInsure 案例的教训

2016 年，CommInsure 使用过时的医学定义驳回了重症客户的合法理赔要求。CommInsure 在理赔评估过程中对心脏病发作的承保范围做出了虚假和误导性的陈述，因此违反了法律。诸多不道德的行为最终导致了 CommInsure 的丑闻曝光。随之曝光的还有 CommInsure 的公司治理问题，包括估损人缺乏监督、对检举者的保护不力、董事薪酬体系设计不平衡、审计师失职以及澳大利亚保险行业的监管疏忽。

第一个公司治理问题在于 CommInsure 赋予保险人的巨大权力，这使他们手握大权，能够做出赔付与否的最终决定。然而，负责监督评估结果的管理人员却没有审查和监督他们的评估和决策过程。对于索赔人的条款、评估或赔款方面的信息，CommInsure 的人员并不会如实相告。更糟糕的是，该公司还会胁迫医生修改其医疗意见，以驳回理赔并逃避赔付。CommInsure 未能监督其理赔评估过程，无法确保遵守所有保险合同中的诚信义务。

第二个重要的公司治理问题是 CommInsure 对检举者的保护不足。Koh 勇敢地表达了自己的担忧，但他不仅没有得到董事会的回应，最终还遭到解雇。在丑闻爆发之前，CommInsure 并无针对检举者的保护机制，以确保检举者可以通过法律途径与媒体或政府安全地对话，从而避免检举者遭到谴责和报复。建议该公司建立健全的检举政策，制定严格的保护措施，以鼓励更多内部人士畅所欲言，无所顾虑。

导致 CommInsure 出现不当行为的第三个公司治理问题就是不合理的董事薪酬制度。根据绩效情况，该公司的高管可获得多达 1.5 倍于 STI 目标的薪酬。此外，高管仅有 25% 的 LTI 与客户、公众和社区挂钩。这一不当的薪酬结构导致员工一心只想达成销售业绩目标，从而向客户出售高风险的金融产品，全然不顾客户和股东的利益。该公司应制定合理的利润目标和薪酬计划，既要让员工满意，也要考虑利益相关者的利益。

CommInsure 的外部审计师德勤没能发现 CommInsure 任何逃避赔付的迹象，原因在于其审计程序不完整。例如，德勤的审计师没有与索赔人或其家庭成员进行面谈，没有对错误进行量化，更没有对 CBA 薪酬制度的适当性进行调查。为了避免此类丑闻的爆发，德勤应审查具有高虚报风险的项目，如理赔付款、理赔结算、理赔率以及保险人和估损人的薪酬。

　　澳大利亚保险业监管机构 ASIC 的疏忽也是导致丑闻爆发的原因之一。ASIC 惯常使用行政或协商制裁等宽松的执法手段，而不采取更有力的行动，因此未能打击行为不端的公司。因此，ASIC 迫切需要更好地执行管理保险公司的法律。

讨论问题

1. 简述 CommInsure 的不端行为。其董事是否应预见或阻止此类不端行为？
2. CommInsure 丑闻是费尔法克斯传媒和《四角方圆》联合曝光的。讨论媒体在监督保险业公司治理方面发挥的作用。
3. 讨论为什么许多国家和地区的保险合同法要求所有保险合同中包含最大诚信这一隐性义务。描述 CommInsure 有哪些违反其最大诚信义务的行为。
4. 讨论为什么公司需要检举者，比如 CommInsure 的检举者 Koh。应建立什么样的机制或程序来保护检举者？
5. 简述 CommInsure 薪酬结构的优点和缺点。这一薪酬制度可如何改进？
6. 讨论外部审计师和监管机构在监督保险公司时应该关注哪些方面。

参考文献

Commonwealth Bank of Australia. (2014). Annual reports. file:///Users/daisychen/Downloads/2014-annual-reportwebsite% 20(1).pdf

Commonwealth Bank of Australia. (2015). Annual reports. Available at: https://www.commbank.com.au/content/dam/commbank/about-us/shareholders/pdfs/annual-reports/cba-annual-report-30%20June-2015.pdf

Commonwealth Bank of Australia. (2016). Annual reports. https://www.commbank.com.au/content/dam/commbank/about-us/shareholders/pdfs/annual-reports/2016_Annual_Report_to_Shareholders_15_August_2016.pdf

Commonwealth Bank of Australia. (2017a). Annual reports. https://www.commbank.com.au/content/dam/commbank/about-us/shareholders/pdfs/annual-reports/annual_report_2017a_14_aug_2017a.pdf

Commonwealth Bank of Australia. (2017b). 2017b corporate governance statement. https://www.commbank.com.au/content/dam/commbank/about-us/shareholders/pdfs/2017-asx/Corporate_Governance_Statement_2017.pdf

Commonwealth Bank of Australia. (2018). Annual reports. https://www.commbank.com.au/content/dam/commbank/about-us/shareholders/pdfs/results/fy18/cba-annual-report-2018.pdf

Eyers, J., & Uribe, A. (2017, February 28). Deloitte clears CommInsure of culture problems. *The Australian Financial Review*. https://www.afr.com/companies/financial-services/deloitteclears-CommInsure-of-culture-problems-20170228-gund1g

Ferguson, A. (2016, March 6). ASIC to investigate CBA's life insurance arm. The Australian Financial Review, Available at: https://www.afr.com/companies/asic-to-investigate-cbas-life-insurance-arm-20160306-gnbmox

Four Corners. (2016, March 7). Money for nothing. *ABC News*. https://www.abc.net.au/4corners/money-for-nothing-promo/7217116

Janda, M. (2018, November 21). Banking royal commission: CBA chairman Livingstone answers for the bank's remuneration breakdown. *ABC News*. https://www.abc.net.au/news/2018-11-21/cba-remuneration-breakdown-catherine-livingstone/10518640

Mitchell, S. (2014, October 21). Australia 'paradise' for white-collar criminals, says ASIC chairman Greg Medcraft. *The Sydney Morning Herald*. https://www.smh.com.au/business/australia-paradise-for-whitecollar-criminals-says-asic-chairman-greg-medcraft-20141021-119d99.html

第 9 章

东芝（日本）

东芝是日本最大的半导体制造商和第二大电子产品制造商。东芝于 1939 年成立于东京，由东京电气株式会社和芝浦制作所合并而成。1984 年，该公司取两家原公司名称的开头字，组合成品牌名称"东芝"。

20 世纪 40 年代和 50 年代，东芝通过收购其他公司，尤其是机械制造商和工业公司，实现迅速成长。第二次世界大战后，东芝快速成为日本电力、电子和通信行业巨头。20 世纪 70 年代，东芝开始设立子公司，将收购的公司从核心产业中分离出来。这些子公司包括：东芝 EMI（1960 年）、东芝电子（1974 年）、东芝化学（1974 年）、东芝照明科技（1989 年）、东芝美国资讯系统（1989 年）以及东芝搬运装置（1999 年）。由于高度重视研发，东芝在医疗器械、半导体、发电设备、机车、核电等领域拥有大量自主技术。东芝也是许多产品的日本首家制造商，例如：雷达（1942 年）、晶体管电视与微波炉（1959 年）、彩色影像电话（1971 年）、日文字处理器（1978 年）、笔记本电脑（1985 年，也为世界首家制造商）、DVD（1995 年）和HD DVD（2005 年）。东芝还开始在海外市场销售电器，并于 20 世纪 70 年代末将其业务扩展到全球。

2021 年，东芝由 7 家公司组成：工业 ICT 解决方案公司、电力系统公司（Denryokusha）、社会基础设施系统公司（SIS 公司）、社区解决方案公司（CS 公司）、医疗保健公司、半导体和存储产品公司（S&S 公司）以及个人和客户解决方案公司（PCS 公司）。每个子公司均设有独立的管理层，并自负盈亏。总公司负责确定中期经营战略、关键事项和大规模资源，并分配给各子公司。

2021 年，东芝公司在半导体、个人电子产品、基础设施、消费电子产品和医疗器械等多个行业均设有业务部门，在全球的员工人数超过 125,648 人。根据东芝 2019 年至 2021 年的关键财务指标（见表 9.1），东芝 2019 财年、2020 财年和 2021 财年的全球净销售额分别达 3.69 万亿日元、3.38 万亿日元和 3.05 万亿日元。其在 2020 年的营业收入大幅增长，从 2019 年的约 350 亿日元达到约 1,300 亿日元。同一时段的盈利能力却出现波动，这主要是因为新冠疫情的暴发。东芝 2019 年的净资产收益率（ROE）很高，达到 90%，资产收益率（ROA）达到 23.1%，但同样由于疫情，2020 年的回报率为负值。2021 年，东芝的盈利能力有所提高，ROE 和 ROA 分别为 10.8% 和 3.3%。

表 9.1　东芝的关键财务指标（2019—2021 年）

（金额单位：百万日元）

关键指标	2019 年 3 月	2020 年 3 月	2021 年 3 月
净销售额	3,693,539	3,389,671	3,054,375
营业收入（亏损）	35,447	130,460	104,402
归属于东芝公司股东的净收入（亏损）	1,013,255	−114,633	113,961
归属于东芝公司股东的资产净值（亏损）	1,456,659	939,606	1,164,534
股东权益比率（%）	33.9	27.8	33.3
净资产收益率（%）	90.5	−9.6	10.8
总资产	4,297,344	3,383,433	3,500,636
资产收益率（%）	23.1	−3.0	3.3
附息债务	−900,641	18,178	7,754
净负债权益比率（%）	−62	2	

资料来源：东芝 2019—2021 年年报。

9.1　丑闻曝光

作为日本的企业巨头之一，东芝长期受到公众的赞赏。然而，2015 年的财务丑闻却让其声誉跌至谷底。2015 年 7 月 20 日，某独立调查委员会指控东芝在 2008

年至 2015 年三任社长（西田厚聪、佐佐木则夫和田中久雄）任职期间存在财务舞弊行为。2008 年之前，东芝的财务业绩稳步增长。根据东芝年报中的财务回顾（见表 9.2），从 2004 年到 2007 年，东芝的净销售额增长了 27.54%，营业收入增长了接近 50%，净收入增长了接近 4 倍。东芝 2007 财年的财务业绩创下 10 年内的最高值，净销售额接近 7.2 万亿日元，净利润约为 1,370 亿日元。

然而，随着 2008 年金融危机的爆发，这一稳步增长的趋势戛然而止。这场危机几乎摧毁了所有的日本电子公司。除了三菱电机，日本最大的几家电子制造商（东芝、日立、松下、索尼、富士通、夏普、三洋电机和日本电气公司）无一不遭受亏损。具体而言，这些公司的税后净亏损总额达到 2 万亿日元，日立、松下和日本电气的亏损额最大，亏损额分别达 7,000 亿日元、3,800 亿日元和 2,900 亿日元。在金融危机爆发的那一年（2008 财年），东芝的收益也大幅下降，在西田厚聪任职的第四年亏损额达 2,800 亿日元。如表 9.2 所示，相比 2007 年，东芝的营业收入下降了 7.8%，净收入下降了 7.3%。为了克服金融危机带来的不利影响，西田厚聪在 2008 年实施了财务舞弊。2009 年 5 月，佐佐木则夫接替西田厚聪，出任东芝社长。佐佐木则夫继续为公司设定无法实现的利润目标，诱导了财务违规行为。2013 年 5 月，佐佐木则夫下台，田中久雄接任。由于日元汇率高和核活动受阻等因素，东芝的销售额继续达不到目标。面对提高财务业绩的重大压力，田中久雄做出了和他的前任一样的选择：实施财务舞弊。他们的舞弊行为持续了 7 年，直到被日本独立调查委员会发现。

表 9.2　2008 年金融危机之前东芝的财务回顾　　　　单位：百万日元

主要财务指标	2008 年	2007 年	2006 年	2005 年	2004 年
净销售额	7,668,076	7,116,350	6,343,506	5,836,139	5,579,506
销售成本	5,759,840	5,312,179	4,659.795	4,296,572	4,075,336
销售总务管理支出	1,670,137	1,545,807	1,443,101	1,384,760	1,329,584
营业收入	238,099	258,364	240,610	154,807	174,586
扣除所得税和少数股权之前的收入（亏损）	255,558	238,460	178,177	111,232	135,770
所得税	113,380	145,355	90,142	55,944	102,237
净收入	127,413	137,429	78,186	46,041	28,825

资料来源：东芝 2004—2008 年年报。

2015 年 7 月 20 日，由东京高等检察厅前检察长、多位律师和会计师组成的独立调查委员会对东芝的财务舞弊展开了持续 3 个多月的调查。独立调查的结论是，东芝的财务舞弊长达 7 年之久。调查发现，东芝在 2008 年至 2014 年期间至少虚报了 1,552 亿日元（约 12.2 亿美元）的净收入（见表 9.3）。调查报告显示，东芝的虚假会计处理涉及以下方面：采用完工百分比法的项目核算中，虚报利润 477 亿日元；视觉产品业务的营业费用核算中，虚报利润 88 亿日元；半导体业务的存货估价核算中，虚报营业收入 360 亿日元；个人电脑（PC）业务的零部件交易核算中，虚报收入 592 亿日元。

表 9.3　东芝财务业绩重述（2008 年—2014 年第三季度）

单位：10 亿日元

项目	2008 年	2009 年	2010 年	2011 年	2012 年	2013 年	2014 年第三季度	总调整金额
销售额	8.20	7.80	（6.70）	2.10	（4.80）	（12.80）	7.10	0.90
税前收益（亏损）	（76.40）	（41.60）	7.10	（84.00）	（84.70）	1.40	53.30	（224.80）
净收入	（55.30）	（34.20）	20.50	（66.90）	（64.0）	9.4	35.3	（155.20）

资料来源：针对东芝的独立调查报告（日本证券交易委员会，2015 年）。表中的括号表示负数。

东芝 2015 年的财务舞弊是日本最大的财务舞弊丑闻。2015 年，东芝的家电业务出售给美的集团，电视业务出售给海信集团，个人电脑业务出售给鸿海科技集团的子公司夏普。东芝还宣布在全球范围内裁员 14,000 多人。2015 年 12 月，东芝将其最赚钱的业务之一——医疗保健业务出售给佳能。

2015 年的丑闻过后，东芝一度濒临退市和破产。2015 年 7 月，前任社长西田（顾问）、前任社长佐佐木（副社长）、现任社长田中集体辞职。东芝在日本爆出会计丑闻后股价暴跌（2015 年年底骤降约 40%），如图 9.1 所示。

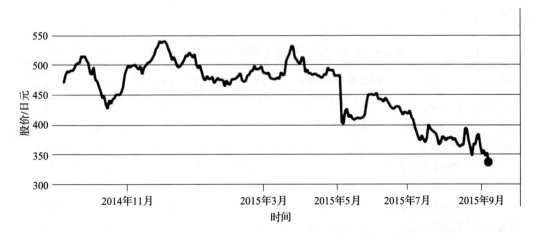

图 9.1　东芝股价，2014 年 11 月至 2015 年 9 月（资料来源：纳斯达克官网）

9.2　东芝的公司治理问题

9.2.1　不恰当的会计操作

东芝的多个业务部门（如视觉产品、个人电脑和半导体部门）存在不恰当的会计操作，包括不恰当地使用完工百分比法和结转（C/O）方法。东芝之所以出现财务舞弊是因为管理层盲目追求业绩目标。事件的根源是销售额长期低于田中社长设定的"高于 2007 年"的目标，而他的座右铭是"不惜一切获取利润！"这使他的继任者也只关注眼前利益，一切以实现预期目标为导向。利润为先的盲目执着让东芝忽视了目标的可达成性。

东芝的欺诈性财务报告使用了多种会计处理方法。调查报告主要揭露了四种盈余操纵方法，详情见下文。

9.2.2　完工百分比法

东芝采用完工百分比法来记录收入。在使用这种方法时，东芝需要在财年结束时对合同利润、合同成本和完工百分比进行合理可靠的估计。由于这些估计涉及个人判断，因此使用完工百分比方法有虚报的风险。例如，合同利润由销售经理和客户协商决定，完工时间表也是基于个人判断的内部估计，如果在某个报告期内低估了合同完工成本，就意味着高估了销售额。如表 9.4 所示，东芝 2008 财年至 2014 财年第三季度报告的虚构收入累计达 128 亿日元，虚报税前利润 477 亿日元。具体来看，SIS 公司的税前利润虚报最严重（276 亿日元），其次是 CS 公司（163 亿日元）。

表 9.4　完工百分比法下东芝的收入和税前利润调整　　　　单位：亿日元

子公司	指标	2008 年	2009 年	2010 年	2011 年	2012 年	2013 年	2014 年第三季度[①]
电子公司	收入调整	（40）	2	51	—	—	（11）	7
	税前利润调整	（36）	12	60	（21）	（5）	（24）	17
SIS 公司	收入调整	—	—	—	—	—	（55）	（12）
	税前利润调整	—	—	—	（57）	（8）	（243）	32
CS 公司	收入调整	—	—	—	（2）	（30）	（7）	（19）
	税前利润调整	—	—	—	—	（156）	12	（19）
其他公司	收入调整	—	（2）	2	—	—	—	（13）
	税前利润调整	—	（11）	11	—	（10）	10	（40）

（续）

子公司	指标	2008 年	2009 年	2010 年	2011 年	2012 年	2013 年	2014 年第三季度①
合计	收入调整	（40）	（0）	53	（2）	（30）	（73）	（37）
	税前利润调整	（36）	1	71	（79）	（180）	（245）	（9）

资料来源：针对东芝的独立调查报告（日本证券交易委员会，2015 年）。

注：表中的括号表示负数。由于四舍五入，合计数据与分项数据加总值可能存在差异。

① 使用这种方法的财务舞弊在 2014 年第三季度结束。

9.2.3　递延费用记录

从 2010 年开始，为实现损益目标，东芝在 PC 业务中使用 C/O 方法来调整利润、延迟支出或提前记入销售额。在调查期间，调查小组详细审查了东芝在每个财年结束时提供的会计数据。他们发现，东芝在充分考虑了实现损益目标所需的损益调整量后，酌情使用了不同的 C/O 方法。以下是东芝在进行损益调整时采取的不恰当的会计处理。

东芝要求制造商调整售价。这种方法主要在东芝的 PC 部门使用，用于大规模的损益调整。出于利润调整的目的，东芝还要求制造商延期开具发票，以避免记入成本和费用。有时，费用并不是根据实际发票金额记入，而是根据假定的折后金额记入的。表 9.5 显示了东芝在 PC 业务中使用 C/O 方法进行的损益调整。由于使用 C/O 方法延迟了支出，东芝的利润在 2011 年上调了 2 亿日元，在 2012 年上调了 5 亿日元，在 2013 年上调了 10 亿日元，在 2014 年上调了 9 亿日元。

9.2.4　存货估价增加

东芝有意在 2010 年至 2014 年的财务季度末临时提高海外产品价格，这样做的结果是夸大了销售额和利润，以及海外存货。夸大的存货表明，东芝有未实现的收益，而这些收益本应在合并财务报表中抵消。然而，在合并财务报告中，东芝并没有抵消这些未实现的损益。不仅如此，在一笔与合并公司的交易中，因毛利润为负，东芝便通过在报告期末将存货运往海外子公司来抵消负利润。东芝与欧洲业务部门的交易量很大，导致这种情况经常发生（东芝毛利润的负值越高，就越有可能进行大量损益调整）。例如，这种 C/O 方法主要被东芝用于向海外子公司（如东芝欧洲公司）销售产品。东芝通过临时提高对海外子公司销售产品的 C/O 售价，在未合并报表的情况下记录 PCS 公司在财务季度末的利润。东芝故意提高对海外经销商销售产品的售价，特别是在欧洲、中东、非洲和俄罗斯，涉及金额为 2011 年 43 亿日元、2012 年 26 亿日元、2013 年 3 亿日元（见表 9.5）。

表 9.5　东芝 PC 业务的损益调整　　　　　　　　　　　单位：亿日元

C/O 方法	2010 年	2011 年	2012 年	2013 年	2014 年第三季度[①]
1）与营业费用递延记录相关的 C/O	—	2	5	10	9
2）与存货估价相关的 C/O	—	43	26	3	—
3）其他 C/O 方法	17	55	33	35	22
合计	17	100	64	47	31
调整后利润	（17）	（83）	36	17	17

资料来源：针对东芝的独立调查报告（日本证券交易委员会，2015 年）。

注：表中的括号表示负数。

① 使用这种方法的财务舞弊在 2014 年第三季度结束。

9.2.5　零部件交易

零部件交易主要发生在原始设计制造商（ODM）和台湾东芝国际采购股份有限公司（TTIP）之间。东芝将 PC 制造业务外包给 ODM。从 2004 年开始，东芝通过全资子公司 TTIP 采购硬盘等主要 PC 零部件，再供应给 ODM。为防止东芝的采购价格受到竞争对手的影响，TTIP 以高于采购价的价格向 ODM 供应零部件（即价格掩饰）。ODM 将零部件加工并组装成 PC 整机，再通过 TTIP 交付给东芝。这种交易被称为购买 / 售回交易。这种方法会产生一个掩饰差额，即掩饰价格和采购价格之间的差额。

东芝将掩饰差额记录为应收 TTIP 账款，同时在 TTIP 每向东芝交付一台 PC 整机时，通过减记产品制造成本记录一笔利润。表 9.6 显示了东芝 PC 零部件交易进行的损益调整。2008 年到 2014 年期间，东芝多次使用这种方法虚报利润。例如，2008 年虚报 198 亿日元，2009 年虚报 286 亿日元，2011 年虚报 166 亿日元，2012 年虚报 296 亿日元（见表 9.6）。

表 9.6　东芝与 PC 零部件交易相关的损益调整　　　　　单位：亿日元

	2008 年	2009 年	2010 年	2011 年	2012 年	2013 年	2014 年第三季度[①]
损益调整	（198）	（286）	105	（166）	（296）	（1）	247

资料来源：针对东芝的独立调查报告（日本证券交易委员会，2015 年）。

注：表中的括号表示负数。

① 使用这种方法的会计舞弊在 2014 年第三季度结束。

总的来说，东芝的欺诈性会计报告大多涉及关联方交易。虽然利润操纵涉及的金额如此之高，但东芝的财务舞弊在 7 年间都没有被内部检举者或外部机构发现。如果没有内部员工举报，舞弊行为可能仍在继续。更令人惊讶的是，7 年来，东芝换了三任社长，每一任都掩盖了前任的舞弊行为。2011 年的奥林巴斯财务丑闻引发了人们对日本公司治理的质疑。东芝的财务丑闻表明，其公司治理结构未能履行预期的监督职责，尤其是董事会、外部董事、审计委员会和外部审计师监督不力。

9.2.6　董事会和外部董事监督不力

董事会是东芝监督和内部控制体系中最重要的部分。根据东芝的董事会规则，首席执行官提出的管理决策必须在董事会的会议上讨论和表决。然而，调查报告显示，许多需要讨论的重大问题（即夸大的会计数据）没有列入议程。因此，董事会监督的效用并不明显。

东芝监事会的特点是"内部化"，也就是说董事会成员是内部员工，管理层不可避免地参与其中。这样的董事会，再加上社长权力过大，会导致成员很难履行监督职责。在东芝的案例中，社长有很大的控制权，结果就是无法保护中小股东的权益，也不利于企业发展。此外，东芝的董事会规模很大，因而会有"搭便车"问题。根据东芝的年报，截至 2014 年 3 月 31 日，东芝有 19 名董事会成员，包括 4 名外部董事，其余 15 名董事均来自公司内部（平均工龄超过 20 年）。4 名内部董事在薪酬委员会、审计委员会和提名委员会任职。例如，董事长室町正志就在薪酬委员会和提名委员会任职，久保诚和岛冈圣也分别担任审计委员会主席和成员（见表 9.7）。庞大的董事会规模加上大多数董事会成员是内部员工，这使董事（特别是外部董事）难以行使监督职责。

表 9.7　东芝董事会成员及其职位

董事会成员	职位
室町正志	董事、董事长、提名委员会成员、薪酬委员会成员
佐佐木则夫	董事、副董事长
田中久雄	社长、董事长兼首席执行官、董事、薪酬委员会成员
久保诚	董事、审计委员会主席
岛冈圣也	董事、审计委员会成员
伊丹敬之	外部董事、提名委员会成员、薪酬委员会成员
岛内宪	外部董事、薪酬委员会主席、审计委员会成员
齐藤圣美	外部董事、审计委员会成员、薪酬委员会成员
谷野作太郎	外部董事、提名委员会主席、审计委员会成员

资料来源：东芝 2013 年年报。

　　此外，根据东芝 2013 年年报，有 8 名董事（包括 4 名外部董事、董事长和 2 名审计委员会成员）未担任管理职务，但有 11 名内部董事担任高级管理职务。例如，田中久雄既是薪酬委员会的成员，也是东芝的社长。这种做法违反了《2006 年日本公司治理原则》，该原则禁止董事会成员兼任高级管理职位，以防权力过大。调查报告指出，在这种机制下，社长田中久雄为下属制定不切实际的高销售目标，而被要求的员工则不敢违抗。在外部董事方面，薪酬委员会、提名委员会和审计委员会的大多数成员是外部董事，这些外部董事在三个委员会中担任跨职能职位。另外，在外部董事中，岛内宪和谷野作太郎是外交官，而齐藤圣美是日本妇女信息公司的总经理，拥有丰富的管理经验。此外，谷野作太郎曾是 Alconix 集团和铃木汽车集团的外部董事，齐藤圣美是昭和电气的外部审计师。外部董事的跨职能职位也削弱了东芝董事会的有效监督作用。

9.2.7　审计委员会监督不力

　　审计委员会是东芝的另一个会计监督机构。审计委员会确保公司财务报告程序的有效性，监督董事和高管人员履行职责的情况，并在必要时要求他们纠正履行职责的方式。缺乏强大的审计委员会是东芝会计违规的原因之一。东芝审计委员会的成立是为了监督子公司、分支机构和附属机构的财务报告。然而，它的主要职责是监督东芝的管理和行政活动，而不是从会计的角度监督特定会计程序的适当性。主要原因是日本在 2003 年修改《商法》后，提出了设立审计委员会、取消监事会的公司治理模式，审计委员会接管了监事会的职责。因此，审计委员会的职责从仅仅审查财务报告转变为同时监督管理活动。这些委员会主要关注业务运营和支持的有效性，反而很少进行审计，而审计是确保财务报告可靠性和完整性的必要手段。

　　审计委员会成员缺乏会计专业知识并且担任跨职能职位也构成了另一个问题。根据东芝 2013 年年报（见表 9.7），审计委员会的五名人员同时兼任董事会成员，包括两名内部董事和三名外部董事。审计委员会的成员由于担任管理职务，缺乏专业的财务和会计知识。因此，除了一名全职负责审查财务和会计账目的成员外，其他成员根本无法识别东芝的不当会计处理。在上述五名成员中，内部董事久保诚也是东芝的董事，曾任东芝首席财务官。这种人事安排使东芝审计委员会成员难以行使监督职责（久保不太可能审查之前的账目），而审计委员会的独立性也很脆弱。根据调查报告，久保对东芝自 2008 年以来系统性实施的不合规会计操作心知肚明。因此，当岛冈圣也反复要求久保调查东芝的 PC 业务账目时，久保以重新调整账目会妨碍公司按时报告财务成果为由予以拒绝。其结果是，审计委员会的独立性受到损害，因而难以发挥审计监督职能。总而言之，东芝的内部审计部门没有充分履行监督职能。

9.2.8 外部审计师失职

东芝的大部分虚假账目都没有被外部审计师发现（包括在年度和季度审查中）。原因之一是担当外部审计师的安永会计师事务所只是在名义上履行职责，即使出现意见不一致的情况，也会因为害怕失去这样的大客户而选择向公司妥协。当东芝于 2014 年 1 月 2 日发布第三季度业绩，显示亏损 3.96 亿美元时，安永表示，这部分亏损应该反映在美国核电公司西屋电气的账目中，并接受西屋电气的 3.32 亿美元估值损失作为底线。然而，安永的妥协带来的结果是，时任东芝审计委员会主席的久保试图将亏损进一步控制在 2.25 亿美元以下。最终，1.07 亿美元的差额被审计为不可靠的虚报，约占东芝当年第三季度税前利润的 25%。安永 7 年多来对东芝会计舞弊的纵容和放任是审计失败的根本原因。

东芝会计丑闻中外部审计师失职的另一个原因是日本审计费用低。香港 GMT 对 2,330 家上市公司的分析发现，日本公司平均向审计事务所支付营业额的 3.2 个基点，而英国和美国公司则分别为 5.3 和 11.8 个基点（国际平均水平为 5.6 个基点）（Price，2015 年）。相比之下，东芝向审查其 2014 财年账目的安永和其他审计机构支付了营业额的 1.5 个基点，总计 9.82 亿日元（约 800 万美元）。日本上市公司付费低，审计事务所之间竞争激烈，加上不重视审计的企业文化，使日本的审计机构很可能没有足够的动力或预算进行账目审查（Price，2015 年）。虽然日本监管机构在过去十年中加强了审计质量控制，但审计师的低收入和高工作压力使审计事务所难以吸引和留住有能力的审计师，这也不可避免地导致了东芝的审计失败问题。

9.2.9 终身雇佣制和不合理的高管薪酬

首先，终身雇佣制是日本的传统。一旦成为东芝的正式雇员，就不太可能被裁员或辞退。在这种终身雇佣制度下，公司无法通过裁员来进行优化和重组，因而降低了公司抵御风险和衰退的能力，负面影响很大。根据针对东芝的调查报告，东芝的员工基本会自发支持公司的各项举措。许多人还将外部审计师视为外人。例如，一位匿名的东芝员工认为"审计师是来搞破坏的"（Wang 等，2016 年）。因此，这种终身雇佣制产生了自下而上的忠诚，导致管理欺诈更易发生且很难被发现。这就解释了为什么东芝财务舞弊持续了7年多。

　　其次，东芝的高管薪酬结构不合理，原因有二：固定薪酬高以及没有长期激励。根据东芝2013年年报，当时的高管薪酬由两部分组成（见表9.8）：固定薪酬（主要基于高管职位和各职位的任期）和浮动薪酬（主要与公司每年的业绩挂钩）。东芝2013年年报显示，东芝有19名董事会成员。其中，15名内部董事的固定薪酬总额为313亿日元。4名外部董事的固定薪酬总额为62亿日元。此外，42名高管的固定薪酬总额为1,148亿日元，浮动薪酬总额为205亿日元（即固定薪酬占总薪酬的比例高达84.85%）。成立于2009年的金融稳定委员会（FSB）规定，原则上，公司的高管薪酬结构应包括至少50%的浮动薪酬。欧洲银行业监管委员会（CEBS）公布的《薪酬政策与实践指引》也有类似规定。然而，从上面的数据可以看出，东芝高管的固定薪酬相对较高，而固定薪酬与业绩无关，只与高管的职位和各职位的任期有关。这种固定的高管薪酬制度造成了惰性，降低了高管的责任感。除了固定薪酬和基于绩效的浮动薪酬之外，西方发达国家和地区的公司往往还向高管提供长期的激励，如公司股票（股票相关手段）。然而，东芝没有向高管提供长期激励或股权激励，这可能导致他们只追求短期利益，而忽视企业的长期价值。

表 9.8　东芝高管薪酬

职位	总金额 /亿日元	固定薪酬 /亿日元	浮动薪酬 /亿日元	人数
董事（不包括外部董事）	313	313	—	15
外部董事	62	62	—	4
高管	1,353	1,113	205	42

资料来源：东芝2013年年报。

　　总的来说，在终身雇佣制度下，高管和董事无心推动组织完善，甚至还可能犯下欺诈行为。此外，东芝不合理的高管薪酬制度也无法激励高管为公司创造长期价值。

9.3　东芝公司治理失败的教训

　　东芝的财务丑闻表明，不适当的公司治理有可能削弱内部控制，并导致财务虚报。尽管东芝公司有专门的防舞弊制度，但并未达到预期的效果。2015年，第三方调查显示，东芝在2008年至2014年期间涉嫌高达1,552亿日元（约12亿美元）的财务舞弊。东芝财务舞弊暴露的是公司治理问题，包括不恰当的会计操作、董事会、外部董事和审计委员会的监督不力、外部审计师失职以及东芝终身雇佣制和不合理的高管薪酬制度。

东芝故意粉饰财务报表，虚增利润。东芝公司内部存在各种不恰当的会计操作，例如模糊的会计方法（完工百分比法）、提前设定未来利润、延迟开具发票、通过关联方完成虚构的零部件交易以及其他类似流程。东芝的会计和财务部门非但没有发现这些会计违规行为，其漏洞百出的会计程序甚至还助长了违规操作。

东芝的财务舞弊与薄弱的内部控制和监督机制有关。审计委员会和监事会因人员安排不当和风险控制程序不当而效用甚微。东芝的内部控制体系没有充分发挥监督职能。监事会由现任内部员工组成，管理层也不可避免地参与其中。审计委员会主席也是董事会董事，这削弱了审计委员会的独立性。这种人事安排使东芝的审计委员会难以履行监督职能。虽然委员会成员知道东芝的不当会计处理，但他们没有采取任何行动进行制止。此外，担当东芝外部审计师的安永因未报告同时兼任不同职务的员工而失职。为了提高治理机制的有效性，东芝应该增加外部董事的比例（至少达到三分之二），并赋予他们更多的权力，如审查第三方交易的权力和任命外部审计师的权力。此外，审计委员会的成员应该是公司的外部人员，而不是现任员工。

东芝的财务舞弊行为也可以归咎于外部审计师失职。安永对东芝 7 年多的会计舞弊视而不见。为了防止这类审计失败，首先，注册审计师能力要过关。其次，外部审计师应根据审计准则进行专业的怀疑和判断。最后，审计师应获取可靠的实质性审计证据，并认真核实。

此外，东芝是日本崇尚终身雇佣制传统的一个缩影。丑闻发生时，这一制度妨碍了东芝通过裁员进行优化和重组，从而降低了抵御风险和衰退的能力。高管薪酬结构不合理，高额固定薪酬不与绩效挂钩，而是与高管的职位和各职位的任期挂钩，缺乏长期的高管激励或股权激励，这些可能导致高管以牺牲企业的长期价值为代价追求短期利益。

总的来说，东芝的丑闻揭示了财务舞弊和公司治理之间的关系，也说明了典型的一类亚洲公司治理体系是如何运作的。日本公司的管理理念和方法与西方国家和地区的公司存在很大的不同，包括董事会结构、决策风格和公司治理战略等方面。

讨论问题

1. 简述东芝财务舞弊的原因。

2. 简述东芝的财务舞弊行为。董事会和审计委员会应当如何防止这种舞弊行为？

3. 讨论如何改进东芝的董事会和委员会结构。

4. 讨论从东芝财务丑闻中吸取的主要教训。

5. 可以建立什么样的机制或程序来避免这一丑闻的重演？

6. 东芝丑闻与奥林巴斯丑闻在操纵会计数据方面有何不同？

7. 简述防止审计失败的方法。

参考文献

Investigation Report for Toshiba. Investigation report. Available at: https://www.toshiba.co.jp/about/ir/en/news/20151208_2.pdf (accessed 26 May 2021)

Price, M. (2015). Toshiba scandal puts focus on Japan's cut-price company audits. *Consumer News and Business Channel (CNBC)*, Available at: https://www.cnbc.com/2015/07/29/toshiba-scandal-puts-focus-on-japans-cut-price-company-audits.html

Toshiba. Notice on publication of the full version of the investigation report by the independent investigation committee, action to be taken by Toshiba, and clarification of managerial responsibility. *Available at:* https://www.toshiba.co.jp/about/ir/en/news/20150721_1.pdf

Toshiba's accounting scandal: How it happened. Available at: https://www.investopedia.com/articles/investing/081315/toshibas-accounting-scandal-how-it-happened.asp

Toshiba: Scandal-hit chairman ousted by investors. Available at: https://www.bbc.com/news/business-57606593

Toshiba accounting scandal in Japan could speed corporate reforms. Available at: https://www.usatoday.com/story/money/business/2015/07/24/toshiba-accounting-scandal-japan-could-speed-corporate-reforms/30612009/

Toshiba: behind the numbers. Available at: https://www.financierworldwide.com/toshiba-behind-the-numbers#.YYx2OWqA7UY

Toshiba's annual report (2014–2018). Available at: https://www.toshiba.co.jp/about/ir/en/finance/ar/index.htm

Wang, C., Wu, Z., & Ge, G. (2016). Problems and solutions of Japan's corporate governance reform from the Toshiba financial scandal. *Xiandai Riben Jingji*, 3, 50–61. Available at: https://doi.org/10.16123/j.cnki.issn.1000-355x.2016.03.005

第 10 章

国　美

国美是一家中国家电连锁零售商，也是中国大陆最大的家电零售商之一。国美于 1987 年开设了首家门店，并于 1999 年开始在多个地区开展业务。2004 年，国美在香港交易所（简称"港交所"）上市。此后，国美在整个中国大规模扩张。2010年，国美在中国各大中城市拥有 1,200 多家门店，年销售收入达 509 亿元。根据德勤公布的《全球零售力量 2011 年度报告》，国美的排名从 2009 年的第 91 位跃升至第 86 位，成为中国第二大家电零售商。

国美的发展可以分为四个阶段。

第一阶段是创立和早期发展（1987—2004 年）。在这一阶段，国美创立并通过供应链运营模式不断发展。1993 年，国美对店名、产品展示、售后服务和广告宣传进行了统一，建立了低成本、可复制的发展模式，开创了中国家电零售连锁模式的早期形态。

第二阶段（2004—2008 年），国美完成了在港交所的上市。国美收购了竞争对手永乐电器、大中电器，成为中国电器零售行业的龙头企业。

第三阶段（2009—2012 年）是快速扩张的阶段，国美的董事会和管理团队发生了巨大的变化。这种快速扩张也使国美成为一家国际家用电器企业。

第四阶段（2013—2019 年）是战略重新定位阶段。随着家电市场的发展和随之而来的激烈竞争，国美改变了自身发展战略。新战略采用线上和线下销售结合的方式来提高便利性和消费者忠诚度，从而加快发展速度。

在国美的发展过程中，首席执行官陈晓和 2008 年入狱的创始人黄光裕之间争夺控制权的斗争对公司产生了重大的影响。本案例聚焦国美控制权争夺的来龙去脉，对业务运营和其他方面的损害，以及造成这种情况的主要潜在公司治理问题。

10.1　国美控制权争夺

国美的控制权争夺始于最大股东兼创始人黄光裕和首席执行官陈晓为首的管理团队之间的冲突。陈晓曾创办并供职于黄光裕的竞争对手永乐电器（简称"永乐"），永乐曾是中国第三大家电零售商。2006 年国美收购永乐后，陈晓成为国美的首席执行官。据《中国经济周刊》（2010 年）报道，陈晓曾表示："我是以职业经理人的心态到国美工作的。"然而，职业经理人的角色并不适合陈晓，他有自己的商业战略和抱负。陈晓和黄光裕之间的主要分歧与国美的发展战略有关。陈晓的商业理念基于他经营永乐时的经验。2005 年 1 月，陈晓与摩根士丹利和鼎晖投资这两家投资银行签署了 5,000 万美元的对赌协议。因为这项对赌协议，永乐不得不大举扩张，导致门店盈利能力下降，而无法达到协议规定的最低利润。激进的扩张战略使永乐的年净利润逐年下降，从 2003 年的 423% 下降到 2005 年的 36%。根据永乐 2005 年年报，当年净利润为 3.21 亿元。根据对赌协议，如果公司利润低于 6.5 亿元，包括陈晓在内的管理团队将被剥离 4.1% 的股份，失去控制权。

基于永乐快速扩张的失败经验，陈晓希望国美遵循精细化的发展模式。然而，黄光裕认为，门店扩张是巩固国美在业内地位的关键。[⊖]因此，陈晓的发展战略无处施展。陈晓加盟国美后，黄光裕调整了国美的架构。具体来说，国美由三方控制：黄光裕负责公司战略、资本管理和发展规划；由王俊洲、李俊涛、牟贵先、孙一丁、周亚飞、魏秋立、何阳青七人组成的决策委员会负责几乎所有的日常经营和战术决

⊖　2010 年半年报公布后引发争议。报告显示，国美的盈利能力比黄光裕掌舵时高出 25%。陈晓对这一业绩很满意，认为这是精细化发展战略的结果（Jiang 和 Li，2010 年）。然而，黄光裕认为，陈晓战略的本质是关闭业绩低于平均水平的门店，并批评陈晓在 2009 年仅因短期业绩不良就关闭 189 家门店，这种做法非常不利于国美的长期发展。

策；而黄光裕想让陈晓利用自己在业内的经验和威望，协调部门间的人际关系，这让陈晓很不满。

2008 年 11 月，国美董事长黄光裕因非法经营和内幕交易被捕入狱。2009 年 1 月 18 日，黄光裕正式辞职，任命陈晓为董事长，这意味着陈晓开始执掌国美的管理和运营。黄光裕入狱后，国美股价暴跌，造成严重的财务压力。为解决财务问题，2009 年 6 月 22 日，董事会批准贝恩资本认购 2016 年到期的国美可转换债券，金额为 15.9 亿元。然而，对于这笔投资，国美也与贝恩资本签署了约束性条款和索赔条款：①国美董事会的三个席位将由贝恩资本委任代表；②如果陈晓、王俊洲、魏秋立三位执行董事中的两位被免职，国美要以 24 亿元的价格赎回可转换债券，即贝恩认购金额的 1.5 倍；③陈晓以个人名义为贝恩的投资担保，如果陈晓离职，贝恩有权解除担保；④如果国美拖欠银行贷款达到 1 亿元，贝恩会将此视为违约事件，并将获得 24 亿元的赔偿。

黄光裕事先并不知道这笔投资的条款（Wang，2010a，2010b）。得知融资协议细节后，黄光裕非常不满，认为贝恩资本要求的董事会席位过多且与管理团队捆绑，已经超出了股东投资担保的范围，明显有控制公司的意图。

黄光裕还对 2009 年 7 月 8 日由陈晓推出的激励计划不满（Zhao，2010 年）。根据该计划，国美发行了 3.83 亿份购股权，约占已发行股份总数的 3%，最早行权日期为 2010 年，行权价格为 1.90 港元。在这一计划下，包括陈晓在内的 105 名国美高管和其他 11 名管理人员共获得 1.255 亿份购股权，占总数的 32%。

为表达对管理层的不满，黄光裕夫妇在 2010 年 5 月 11 日的股东大会上投出了五票否决，包括否决贝恩资本任命竺稼、雷彦（Ian Andrew Reynolds）、王励弘为非执行董事。国美董事会紧急召开董事会会议，否决了股东大会的结果。随后，董事会宣布任命上述三位为非执行董事。自此，国美的控制权争夺公开化。

2010 年 8 月 4 日，黄光裕致函董事会，提出五项动议：①撤销公司 2010 年股东大会通过的授权董事会配发及发行新股份（上限为股东大会当日已发行股份的 20%）的一般授权；②免去陈晓作为首席执行官及董事长的职务；③免去孙一丁作为执行董事的职务，保留其执行副总裁职务；④委任邹晓春作为执行董事；⑤委任黄燕虹（黄光裕之妹）作为执行董事。国美管理层发布同期公告驳回该函（新浪财经新闻，2010a，2010b）。8 月 5 日，国美起诉黄光裕，要求其赔偿 2008 年担任国美董事长期间违反信托责任和存在不当行为所造成的损失（Ding 和 Lang，2010年）。[一]8 月 17 日，黄光裕通过其全资拥有的国美大股东 Shinning Crown Holdings Inc. 向国美全体员工发出公开信，公开声讨陈晓。8 月 19 日，国美董事会发布了一封致全体员工的公开信，对 Shinning Crown Holdings Inc. 的每一项指控进行了逐一驳斥。

2010 年 8 月 23 日，国美在港交所发布公告，宣布将于 2010 年 9 月 28 日在港召开临时股东大会，对两人提出的八项动议进行表决，其中五项动议由黄光裕于 2010 年 8 月 4 日提出，三项动议由陈晓提出。陈晓提出的三项动议包括：①重选竺稼为非执行董事；②重选雷彦为非执行董事；③重选王励弘为非执行董事。

9 月 28 日，临时股东大会如期召开。据央视网（2010 年）报道，黄光裕提出的五项动议中，除了动议①外，其他动议均被否决，而陈晓的动议全部获得通过。2010 年 11 月 10 日，国美宣布与 Shinning Crown Holdings Inc. 签署了一份具有法律约束力的谅解备忘录（Yin，2010 年），规定双方同意将董事会成员的最高人数从 11 人增加到 13 人。新增的两名董事均由黄光裕任命，其中邹晓春为执行董事，黄燕虹为非执行董事。2010 年 12 月 17 日，国美再次召开临时股东大会，会议期间通过了备忘录的条款。至此，除免去陈晓作为首席执行官及董事长的职务以及孙一丁作为执行董事的职务外，黄光裕的其他动议均已通过。

2011 年 3 月 10 日，国美宣布，陈晓因个人原因辞去董事长及首席执行官的职务。孙一丁也卸任执行董事。董事会宣布任命张大中为董事长兼非执行董事。这标志着国美控制权争夺的结束。2021 年 2 月 16 日，黄光裕出狱，并表示将在 18 个月内让公司重回原来的市场地位。国美控制权争夺的发展脉络见表 10.1。

表 10.1   国美控制权争夺的发展脉络

时间	事件
2008 年 11 月	黄光裕被捕入狱
2009 年 1 月 18 日	陈晓接任董事长
2009 年 6 月 22 日	陈晓引入贝恩资本并签署约束性条款和索赔条款
2009 年 7 月 8 日	陈晓公布国美期权激励计划
2010 年 5 月 11 日	（1）在股东大会上，黄光裕否决任命贝恩资本的三名代表为非执行董事 （2）陈晓通宵召开董事会会议，否决了股东大会的结果。国美宣布任命贝恩资本的代表

[一] 2008 年 1 月和 2 月，国美以高价（至少每股 17 港元）从黄光裕手中回购大量股份，黄光裕套现 22.37 亿港元。

（续）

时间	事件
2010 年 8 月 4 日	黄光裕向董事会发出公开信，提出五项动议
2010 年 8 月 5 日	国美起诉黄光裕在担任董事长期间的违规行为
2010 年 8 月 17 日	黄光裕通过全资拥有的 Shinning Crown Holdings Inc. 发表公开信，公开谴责陈晓
2010 年 8 月 19 日	国美董事会发表公开信反驳黄光裕在公开信中的指控
2010 年 8 月 23 日	国美宣布将于 2010 年 9 月 28 日召开临时股东大会，对两人提出的八项动议进行表决
2010 年 9 月 28 日	在临时股东大会上，黄光裕的动议只有一项被采纳，而陈晓提出的所有动议都获得通过
2010 年 11 月 10 日	国美与 Shinning Crown Holdings Inc. 签署谅解备忘录
2010 年 12 月 17 日	第二次临时股东大会召开。黄光裕提出的另外两项动议被采纳；国美将董事会成员人数从 11 人增加到 13 人
2011 年 3 月 10 日	陈晓辞去董事长及首席执行官职务。孙一丁辞去执行董事职务。黄光裕的五项动议全部实现，国美的控制权争夺至此结束

资料来源：整理自中国官方媒体发布的各种新闻稿件。

10.2　国美控制权争夺造成的损害

国美的控制权争夺持续了近一年，而且愈演愈烈，对公司的许多方面产生了重大影响。下文会说明控制权争夺对国美的经营、股东的利益以及董事会和股东大会之间关系有何影响。

10.2.1　对国美经营的损害

在高速发展阶段发生控制权争夺对国美造成了极大影响。

1. 对发展的负面影响

控制权争夺给国美的未来带来了不确定性，导致利益相关者只能采取谨慎态度。国美的供应商要求发票款项当天支付，给公司的现金流带来了更大的压力。供应商也担心控制权争夺会影响自身利益，所以对国美提高了采购价格，并谨慎供货（《工人日报》，2010 年）。

陈晓也表示控制权争夺打乱了国美的各项计划（Yu 和 Yin，2010 年）："大中电器原计划 2010 年 6 月底合并到国美，已经延期，现在形成这样的局面，具体工作推进就更难，很难讲今年年底是不是完成。"

控制权争夺给了竞争对手超越国美的机会，尤其是主要竞争对手苏宁。据 Yu

和 Yin（2010 年）统计，自 2007 年以来，苏宁的门店数量以每年 22% 的速度增长，从 2007 年的 632 家增长到 2009 年的 941 家；销售收入以每年 21% 的速度增长，从 402 亿元增长到 538 亿元。而国美的门店数量则停留在 726 家，销售收入停留在 450 亿元。苏宁的市场份额增长甚至更快，2010 年上半年收入增长 32%，比国美高出 10%。此外，苏宁的毛利率、净资产收益率、存货周转率和资产周转率均优于国美。

2. 国美董事会的效力和效率降低

首先，董事会忙于拉票。比如，陈晓花了近半年时间为机构投资股东做路演，以争夺选票。此外，黄光裕家族和陈晓花费 2,000 多万元用于公关拉票（《21 世纪经济报道》，2010b）。

其次，董事会专业咨询职能受损。在控制权争夺战中，多名董事会成员兼高管，如王俊洲（见表 10.2），公开宣布支持陈晓，声称如果陈晓被罢免将辞职（Lang，2010 年），说明董事会已失去客观立场。陈晓的期权激励计划为他争取到了董事们的投票。正如一位高管所说，"黄光裕担任董事长时，高管几乎不可能获得期权"（Zhao，2010 年）。然而，控制权争夺的一个主要原因是黄光裕和陈晓在经营和发展战略上的意见分歧。因此，如果执行董事选择了一方，就会影响董事会的咨询职能。

表 10.2　国美董事会

姓名	职位	代表	姓名	职位	代表
陈晓	董事长 / 首席执行官	1	魏秋立	执行董事	1
王俊洲	执行董事 / 总裁	1	竺稼	非执行董事	2
孙一丁	执行董事 / 副总裁	1	雷彦	非执行董事	2
伍健华	执行董事	1	王励弘	非执行董事	2
史习平	非执行独立董事	—	陈玉生	非执行独立董事	—
Thomas Joseph Manning	非执行独立董事	2			

资料来源：整理自中国官方媒体发布的各种新闻稿件。

注：1 表示支持陈晓；2 表示支持贝恩资本代表；3 表示支持黄光裕；—表示不确定。

3. 对日常运营和管理的不利影响

即使不是股东或高管，大多数国美管理人员仍被迫卷入了这场控制权争夺。据 Jiang 和 Li（2010 年）报道，陈晓要求高层和中层管理人员在他和黄光裕之间二选一。管理人员被卷入这场控制权争夺战的后果是，他们没有时间和精力去关注日常经营和管理。据 Zhang（2010 年）报道，在控制权争夺战期间，国美员工士气低落。管理人员的精力主要放在控制权上，无心管理日常运营，造成管理混乱。此外，这场争夺战还导致员工不稳定，造成人力资本的重大损失。

总之，各种证据表明，国美董事会和管理层的效力和效率，尤其是在战略决策、日常运营和管理方面，受到了控制权争夺战的严重影响。

10.2.2 对股东利益的损害

在控制权争夺中，为了获得控制权，管理层很可能为了增加个人收益而损害股东等其他人的利益。

1. 股东利益

第一，陈晓接受了贝恩资本的投资，同意了违反投资条款需承担的苛刻索赔条款。通过接受贝恩资本的投资，陈晓减轻了国美的财务问题，而为了留在董事会，他必须遵守投资协议。然而，协议的条款相当苛刻，国美有可能不得不支付巨额赔偿费用，从而损害股东的利益，并且黄光裕在协议签署前并不知晓这些条款。如果违反协议，国美将不得不以 1.5 倍的价格从贝恩资本回购所有债务。如果国美因为巨额赔偿成本和随之而来的资金链断裂而破产，股东将是最后一个获得剩余资产之人，因此，作为国美最大股东的黄光裕将比陈晓遭受更多损失。

第二，引入贝恩资本和向管理层发放期权稀释了股东股份。贝恩资本将其债券转换为股份后，黄光裕夫妇的股份从 35.98% 稀释到 32.47%。此外，陈晓利用职权，根据国美公司章程中关于董事会有权决定高管薪酬的规定，实施了高管期权激励计划。陈晓称自己意在激励高管，黄光裕则指责陈晓想收买他们以获得投票。

第三，黄光裕威胁要收回 370 家未上市门店和国美品牌（Wang，2010a，2010b）。如果威胁成真，这将对国美的预期基本面表现和股价产生负面影响。2004 年国美上市时，在 37 个城市的 135 家国美门店中，黄光裕将 22 个城市的 96 家门店整合为上市公司，而他个人控制了 15 个城市的其余 39 家门店。截至 2010 年，这 39 家门店扩张到 370 多家（新浪财经新闻，2010a）。这些未上市的门店由国美管理，并在黄光裕的授权下使用国美品牌。国美 2010 年半年报显示，国美未上市门店在 2010 年上半年实现营业额 96.17 亿元。相比之下，740 家上市门店在同期的营业额为 248.73 亿元。因此，如果黄光裕收回这些未上市门店，国美的业绩将大幅下降。

第四，控制权争夺对国美的股价产生了负面影响，导致股东持有的股票价值下降。黄光裕在 2008 年 11 月 23 日被捕后，国美停牌至 2009 年 6 月 20 日。在控制权争夺期间，国美的股价出现波动（见图 10.1）。在控制权争夺开始后的 9 个交易日内，国美市值蒸发了约 66 亿港元，其中包括黄光裕持有的价值 22 亿港元的国美股份。黄光裕发表公开信后，富达于 2010 年 8 月 6 日出售了 1 亿股国美股票。当时有人猜测，陈晓可能利用董事会的授权增发股票，导致国美的股价在 2010 年 8 月 15日进一步下跌 6.41%（中国新闻，2010 年）。之后，当贝恩资本在 2010 年 9 月 28 日的临时股东大会之前宣布将其债务转换为股票时，摩根大通和摩根士丹利都出售了持有的股票。国美的控制权争夺对其股价产生了负面影响，2010 年 8 月 4 日收盘价为 2.73 港元，9 月 29 日开盘价为 2.4 港元，下跌了 12%，而同期恒生指数上涨了4%。该分析表明，国美的控制权争夺损害了投资者的信心。

图 10.1　国美股价（港元）（资料来源：雅虎财经）

2. 股东选择董事会成员的权力受到损害

股东大会上做出的决定没有受到尊重。黄光裕对贝恩资本的投资条款不满，因此在 2010 年 5 月 11 日的股东大会上否决了贝恩资本选择的董事代表。只有股份合计占 62.5% 的股东出席了本次会议，其中黄光裕的股份占 34%。根据股东大会的规则，黄光裕在本次会议上拥有 54.4%（34%/62.5%）的投票权，因此他拥有"一票否决或通过"的权力。虽然黄光裕设法让股东大会通过了他的决策，但陈晓又通过董事会进行了撤销。根据《中华人民共和国公司法》的要求，股东大会选举董事和监事，而董事会代表股东利益。然而，陈晓带领董事会否决了股东大会的决定，反映出国美董事会不尊重股东的意见。

10.2.3　损害股东和董事会之间的关系

国美控制权争夺颠倒了董事会和股东大会之间的关系。也就是说，董事会能够推翻股东大会的决定。

根据《中华人民共和国公司法》：股东大会是决策机构，它的作用是审议和决定重大问题；董事会是下级机构，它的作用是预测重大问题，并将计划提交股东大会决议。换句话说，股东大会是组织的最高层，董事会就在股东大会的下层。

如上，国美董事会否决了股东大会的决定。一般来说，董事会的决议必须与股东大会的决议保持一致。如果两个机构之间发生冲突，以股东大会的决议为准，但陈晓却绕过了股东大会，直接推出了他的期权激励计划，而这个计划本应先在股东大会上讨论。

因此，在国美的控制权争夺中，董事会优先于股东大会。

10.3　国美控制权争夺的教训

上一节讨论了控制权争夺造成的损害，本节会分析国美控制权争夺引发的问题。

10.3.1　"权力过大"的董事会

值得注意的是，董事会与股东大会关系的颠倒在国美是合法的，因为黄光裕为满足个人利益而造出了一个"权力过大"的董事会（Ding 和 Lang，2010 年）。这种权力失衡也让陈晓有机可乘，为实现个人利益借由董事会与第一大股东（黄光裕）争夺控制权（Xu 和 Liu，2012 年）。

在 2006 年 5 月 10 日的股东大会上，持有公司 50% 以上股份的黄光裕修改了国美的公司章程。例如：董事会有权任命董事，无须经由股东大会的许可，并且不受董事人数的限制；董事会可以通过多种方式增发股份和回购股份，包括配股、可转债、管理层股权激励和回购已发行股份；董事会可以签订各种合同，包括签订与董事会成员存在重大利益关系的合同。这些修正案增加了董事会的权力，所以在之后的国美控制权争夺中，董事会能够推翻股东大会的决定。

这些修正案是合法的。国美是一家在百慕大注册并在港交所上市的公司，主要在中国大陆开展业务。因此，1981 年《百慕大公司法》适用于国美的控制权争夺。《百慕大公司法》奉行董事会集权制（board centralism，也称为董事会中心主义），向董事会赋予除法律或公司章程赋予股东的权力以外的所有权力。

黄光裕修改了国美的公司章程，赋予董事会更多权力，但没有提升公司治理水平。黄光裕想要更轻松地打入资本市场，从 2004 年到 2008 年，他通过配售和回购从国美套现近 100 亿港元（Ding 和 Lang，2010 年）。然而，持续的现金流导致黄光裕在持股层面对国美的控制力下降。他对董事会的控制随着控股的减少而减弱。具体来说，黄光裕在国美的股份从 2004 年的 75.67% 下降到 2008 年的 35.55%。1981 年《百慕大公司法》规定，公司的重大问题必须得到股东大会三分之二以上多数的批准，这意味着当股东拥有股份总数的三分之一及以上时，他（或她）有权否决任何决议，所以黄光裕必须保留 33.34% 的股份。换句话说，他的持股已经到了下限。因此，如果黄光裕没有出于个人利益修改国美的公司章程，就不会造成"权力过大"的董事会，他的股份会保持在一个安全的水平，控制权争夺也就不会发生。

控制权带来的私人利益不一定是经济上的，还有其他形式的（Hart，2001 年），如巩固自身权力和地位、实施私人战略计划以及由此获得的成就感和声誉。黄光裕被捕后，陈晓利用董事会权力，通过与贝恩资本签订约束性条款、发行期权收买高管投票等方式获得了控制权。接下来，陈晓还立即改变了国美的发展战略。陈晓自豪地宣称，国美在 2010 年上半年获得出色业绩是因为采用了他的发展战略（Yu 和 Yin，2010 年），这无疑给他带来了巨大的成就感和心理效益。

总之，黄光裕出于个人利益造出了"权力过大"的董事会，反而被陈晓趁机用来挑战黄光裕的控制权，成为陈晓实现个人利益的工具。

10.3.2　缺乏独立董事的责任制度

在整个控制权争夺中，国美的独立董事没有采取任何措施来削弱董事会的权力。独立董事应照顾所有股东的利益，不受相关方的干扰，对公司事务做出独立判断，并限制董事会的权力。因此，独立董事的失职可能是促成国美控制权争夺的原因之一。

在公司治理机制中，独立董事的角色是作为股东大会和董事会之间的平衡点。股东在企业经营中承担的风险最大，股东大会是保护股东利益的最有力途径。因此，如果独立董事不能履行职责或人数不足，股东的利益就很难得到保护。在国美的案例中，董事会比股东大会拥有更大的权力。

在国美的控制权争夺开始之前，因增加了贝恩资本的三名代表作为非执行董事，独立董事的数量有所减少，而国美希望董事会人数仍保持在 11 名（央视财经，2009年），因此，三名现任董事不得不辞职。2008 年，国美的 11 名董事中有 6 名独立董事（GOME，2008 年）。2009 年，三名独立董事和一名非执行董事辞职（GOME，2009 年）。其中，刘鹏辉（独立董事）因任期结束离职，另外两名独立董事和一名非执行董事因贝恩资本派驻代表而辞职（央视财经，2009 年）。港交所要求董事会中至少有三分之一的独立董事。因此，国美在 2009 年将独立董事的人数减少到 3 名，只是满足最低要求。而在 2008 年，独立董事占董事会的一半以上。这也表明，国美董事会可能认为独立董事在公司治理结构中并不是不可或缺的。

史习平、陈玉生和 Thomas Joseph Manning 在控制权争夺期间担任国美的独立董事。

Manning 于 2007 年上任，他有着丰富的咨询和管理经验。在控制权争夺期间，Manning 是商业设计公司 Indachin Limited 的首席执行官。他是 China Board Directors Ltd. 的创始人，该公司由担任中国各公司董事的高管人员组成。他还在中国和印度的几家私营公司的董事会任职。

史习平曾任职于港交所的现金市场咨询小组，并在国美控制权争夺期间担任三家港交所上市公司的独立董事。2010 年，因作为独立董事未能确保沃克集团披露其在过渡期的业务和投资业绩的实质性恶化，史习平受到港交所批评。

可以说，因贝恩资本派驻代表而减少董事会中独立董事的人数，显示出国美忽视了独立董事发挥的重要作用。国美的独立董事还在其他公司担任重要职位。因此，他们很难投入足够的时间和精力来履行职责。由此可见，独立董事不足也是促成国美控制权争夺的原因之一。

10.3.3 非中立机构投资者

机构投资者是外部监督的重要组成部分。通过将债券转换为股票，贝恩资本成为国美的机构投资者。然而，在国美的控制权争夺中，贝恩资本的中立立场受到质疑。贝恩资本试图从国美的控制权争夺中获取最大利益，而不是在竞争中套利，似乎并不想从国美的发展中获取长期利益。

在 2010 年 9 月 28 日股东大会召开前不久，贝恩资本于 2010 年 9 月 15 日转换其可转换债券，并以 9.98% 的股份成为第二大股东，稀释了黄光裕的股份。而且，贝恩资本在股东大会上宣布支持陈晓。而其他可转换债券持有机构，如华平、高盛和摩根大通，没有将其债券转换为股票，也没有宣布支持任何一方。媒体还报道称，贝恩资本的其中一个代表竺稼是陈晓的老朋友（《21 世纪经济报道》，2010a）。

贝恩资本想从国美控制权争夺中获利的真实意图越发明显。Ren 和 Meng（2010年）报道称，尽管贝恩资本宣布支持陈晓，但在 2010 年 9 月 28 日的股东大会之前，贝恩资本一直在与黄光裕的妻子杜鹃谈判。虽然谈判的具体内容仍不得而知，但有理由认为贝恩资本的态度在很大程度上决定了谁将赢得这场控制权争夺。因此，黄光裕和陈晓都有可能与贝恩资本交易，以换取贝恩资本的支持。据网易财经（2011年）报道，贝恩资本在国美控制权争夺中的主要目标是获得尽可能多的利润。在黄光裕威胁收出未上市门店后，贝恩资本频繁约见杜鹃。但同时，贝恩资本没有明确宣布支持黄光裕，因为贝恩资本知道陈晓离开国美之日，就是贝恩资本退出国美之时。

上述种种证据表明，国美的外部公司治理机制在这场控制权争夺中并未有效发挥作用。

总之，首先，黄光裕亲手造出了一个"权力过大"的董事会，其拥有比股东更大的权力。其次，国美的独立董事未能发挥他们在平衡董事会和股东大会权力方面的作用，也没有采取措施来阻止控制权争夺。最后，国美的机构投资者贝恩资本并不中立。这三个公司治理问题促成了国美的控制权争夺，对公司造成各方面损失并损害利益相关者的利益。国美的案例对其他公司很有借鉴意义。它表明了依法经营企业、平衡不同公司治理机构的权力和重视独立董事作用的重要性。

讨论问题

1. 如今，许多公司采用双层持股结构来确保创始人的控制权，你认为这适合国美吗？为什么？

2. "权力过大"的董事会也被称为董事会集权制，讨论其对国美运营的积极和消极影响。

3. 证据表明，机构投资者能给公司带来好处。你同意吗？讨论引入机构投资者的潜在好处和风险。

4. 除了以上讨论的公司治理问题，还有其他导致国美控制权争夺的公司治理问题吗？

5. 许多措施可以用来防止控制权被夺取，请列出三项措施并加以解释。

参考文献

21st Century Business Herald. (2010a). Bain capital officially announced its support for Chen Xiao. *21st Century Business Herald*. http://news.sohu.com/20100916/n274986543.shtml. (in Chinese).

21st Century Business Herald. (2010b). Those high costs: A list of the military expenditures of Chen Xiao and Huang Guangyu in the proxy contest. *21st Century Business Herald*. http://finance.sina.com.cn/chanjing/gsnews/20100929/09018723548.shtml. (in Chinese).

CCTV Finance. (2009). Huang Guangyu is still the largest shareholder of GOME after earning 1.3 billion from the remote control rights issue. *CCTV Finance*. http://finance.cctv.com/20090806/100896.shtml. (in Chinese).

China Economic Weekly. (2010). The proxy contest of GOME: the War between two Men. *China Economic Weekly*. http://www.chinanews.com.cn/cj/2010/09-21/2549833.shtml. (in Chinese).

China News. (2010). Chen Xiaomi conspired for issuing additional shares to fight the control right of GOME and the Huang's family raised money to prepare for the war. *China News*. https://finance.qq.com/a/20100816/002139.htm (in Chinese).

Ding, L., & Lang, L. (2010). An analysis of the control proxy of GOME: The war between two people. *21st Century Business Herald*. http://tech.sina.com.cn/e/2010-09-04/00594620378.shtml (in Chinese).

GOME. (2008). GOME annual report 2008. *GOME*. http://www.gome.com.hk/attachment/2013112114325517_sc.pdf. (in Chinese).

GOME. (2009). GOME annual report 2009. *GOME*. http://www.gome.com.hk/attachment/2013112114420817_sc.pdf. (in Chinese).

Hart, O. (2001). Financial contracting. *Journal of Economic Literature, 39*(4), 1079–1100.

Jiang, L., & Li, L. (2010). Gome's infighting escalates, Chen Xiao forced senior executives to "stand in line" at Gome's internal meeting. *China Securities Journal* (In Chinese). Available at: https://business.sohu.com/20100809/n274086834.shtml

Lang, L. (2010). GOME: 5 executives have expressed their position to follow the board of directors. *21st Century Business Herald*. http://tech.sina.com.cn/e/2010-08-13/00134539125.shtml (in Chinese).

NetEase Money. (2011). The biggest winner of the GOME's proxy contest: Bain Capital made a profit of 2.4 billion in two years. *NetEase Finance*. https://news.pedaily.cn/201207/20120723331103.shtml. (in Chinese).

Ren, G. J., & Meng, F. H. (2010). Countdown 2: Analysing the strength of both sides (Chen vs Huang) in Hong Kong. *NetEase Finance*. https://www.163.com/money/article/6HGJOKHO00254JFV.html. (in Chinese).

Sina Finance News. (2010a). Huang Guangyu withdraw more than 370 unlisted stores in November and GOME is about to split. *Sina Finance News*. http://finance.sina.com.cn/chanjing/gsnews/2010a0928/22488720977.shtml. (in Chinese).

Sina Finance News. (2010b). Letter received by GOME from SHINING CROWN's lawyer and special shareholders' meeting. *Sina Finance News*. http://stock.finance.sina.com.cn/hkstock/go.php/CompanyNoticeDetail/code/00493/aid/445493/.phtml. (in Chinese).

Wang, J. J. (2010a). GOME's proxy contest: The reasons for the super board of directors. *China Economic Times*. https://it.sohu.com/2010a0929/n275332153.shtml. (in Chinese).

Wang, Y. C. (2010b). The brand crisis behind the proxy contest of GOME. *China IP*. http://www.chinaipmagazine.com/journal-show.asp?816.html. (in Chinese).

Worker's Daily. (2010). When will the proxy contest of GOME end? Suppliers say they will supply goods with caution. *Worker's Daily*. http://finance.sina.com.cn/chanjing/gsnews/20100926/11088705191.shtml

Yin, J. (2010). Chen–Huang dispute settlement, GOME shares soar. *The Beijing News*. http://finance.sina.com.cn/roll/20101112/03508941167.shtml. (in Chinese).

Yu, N., & Yin, F. (2010). Huang Guangyu and Chen Xiao's interpretations of GOME's performance: Who is more reasonable? *Cai Xin*. https://www.reuters.com/article/idCNCHINA-2914820100830. (in Chinese).

Xu, X. X., & Liu, X. (2012). Founder's authority, allocation of control rights and governance transformation in family businesses – A case study based on the control conflict of GOME Ltd. *China Industrial Economics, 2*, 139–148. (in Chinese).

Zhang, Y. M. (2010). The situation of GOME's shops on the day of the shareholders' meeting. *China Economic Times*. http://finance.sina.com.cn/roll/20101008/14228747173.shtml. (in Chinese).

Zhao, Y. J. (2010). GOME's past. *Global Entrepreneurs*. https://www.reuters.com/article/idCNCHINA-3005220100914. (in Chinese).

第 11 章

阿里巴巴

阿里巴巴由几位背景各异的合伙人于 1999 年在中国杭州创立。凭借在中国黄页和国家对外贸易经济合作部工作的经验，这些企业家创建了阿里巴巴。公司成立的初衷是帮助小企业发展，让天下没有难做的生意。他们认为，互联网可以为小企业提供公平的竞争环境，让它们通过创新和技术实现蓬勃发展，并在国内和国际市场上进行更有效的竞争。此外，阿里巴巴创始人认为公司成功的秘诀在于关注客户需求（消费者、商家和企业）并提供解决方案。阿里巴巴通过改变营销、销售和运营产品的方式，帮助企业提高营销、销售和运营效率。它还提供技术基础设施和营销途径，帮助商家、品牌和其他组织利用现代技术来吸引消费者并提高运营效率。

阿里巴巴的核心业务包括电子商务、云计算、数字媒体和娱乐以及创新业务。此外，蚂蚁集团作为未合并的关联方和支付宝的母公司，向阿里巴巴的用户和商户提供支付和金融服务。围绕阿里巴巴的平台和业务，阿里巴巴已经形成了一个生态系统，涵盖消费者、商家、品牌、零售商、第三方服务提供商、战略联盟伙伴等。根据阿里巴巴集团网站数据，阿里巴巴生态系统在 2021 财年的商品交易总额为81,190 亿元，主要通过中国零售市场、国际零售市场和本地消费者服务实现。截至2021 年 3 月 31 日，阿里巴巴生态系统中的年度活跃消费者数量超过 10 亿，其中包括中国零售市场、本地消费者服务和数字媒体及娱乐平台的 8.91 亿消费者，以及中国境外的约 2.4 亿消费者。

11.1 阿里巴巴的扩张战略和商业模式

11.1.1 1999—2002 年：初创阶段

1999 年成立时，阿里巴巴只是一个单一的企业对企业（B2B）平台。当时，公司设立了三个目标：第一，创建一家可以存续 80 年的企业；第二，建立一家服务于中国中小企业的公司；第三，打造全球最大的电子商务公司，跻身全球十大网站。

除了杭州，阿里巴巴在香港等地也设立了总部，从香港总部不断扩张，到 2000年，已经在英国建立了办事处，在美国硅谷设立了研发中心，并在韩国、日本，以及中国台湾地区建立了合资企业。然而，当互联网泡沫破裂时，阿里巴巴决定改变策略。2000 年 10 月，阿里巴巴在杭州西湖会议上宣布了新的企业对消费者（B2C）战略。阿里巴巴采用了新的商业模式"回到中国、回到沿海、回到中心"，专注于为中国中小企业提供 B2B 交易平台。在明确公司的 B2B 战略后，公司于 2002 年恢复盈利。

11.1.2 2003—2004 年：发展阶段

2003 年，全球最大的电子商务公司 eBay［消费者对消费者（C2C）平台］进入中国。为避免未来在 B2B 行业遭受威胁，阿里巴巴采取了竞争策略，悄悄建立了 C2C 模式的"淘宝"网站，并提供免费服务。在 2003 年至 2006 年期间，阿里巴巴和 eBay 在市场上展开了竞争。其间，阿里巴巴于 2003 年推出了在线实时通信软件"贸易通"（阿里旺旺），并于 2004 年推出了支付工具"支付宝"。2004 年，阿里巴巴成立阿里巴巴公司，阿里巴巴网站独立运营，随后，阿里巴巴（中国）软件研发中心成立。到 2006 年，淘宝的市场份额超过 eBay，占据了 70% 的中国市场。这一阶段，在与世界级对手的竞争过程中，阿里巴巴经历了快速成长。

11.1.3 2005—2009 年：扩张阶段

2007 年 11 月 6 日，阿里巴巴 B2B 业务在港交所上市，创下中国互联网公司有史以来融资最高的上市纪录。2008 年，阿里巴巴转变定位，立志从全球三大互联网公司之一发展成为全球最大的电子商务服务提供商。2008 年 4 月，阿里巴巴针对各类知名品牌推出淘宝商城。在此期间，阿里巴巴发展成为一个电子商务生态系统，涵盖 B2B、淘宝（C2C）、天猫（B2C）、一淘、聚划算、支付宝、阿里软件和雅虎。与此同时，阿里巴巴在 2009 年建立了阿里云和中国智能物流骨干网。

自 2009 年以来，阿里巴巴一直采用注册商标"双 11"来推广每年 11 月 11 日的消费者折扣日。

在这一阶段，阿里巴巴不断探索 B2C、C2C 或其他形式的电子商务。通过关注消费者需求，阿里巴巴调整了制造和供应网络，巩固了 C2B 战略。

11.1.4　2010—2014 年：加速发展

2010 年，阿里巴巴集团启动了"阿里巴巴合作人"的试运行，以抵消公众关注短期业绩而非长期价值创造的市场压力。

在此期间，阿里巴巴的组织结构也在不断调整，发生了或大或小的变化，并实现了从集中到分工的转变。阿里巴巴在 2011 年推出了"大淘宝"战略，将淘宝分为三个部门：淘宝、一淘和淘宝商城。

2012 年 7 月，阿里巴巴将三个部门拆分为七个部门：淘宝、天猫、一淘、聚划算、阿里国际业务、阿里小企业业务和阿里云计算。这七个部门在 2013 年 1 月又被分成 25 个事业部。

2012 年 2 月，阿里巴巴将 B2B 业务从港交所退市。2014 年 10 月，支付宝母公司蚂蚁集团正式成立。与此同时，淘宝旅行成为一个独立的业务：Alitrip（飞猪）。这些结构变化显示了阿里巴巴生态系统的持续发展。阿里巴巴的目标也随着其电子商务生态系统的成长而变化：从存续 80 年延长到至少 102 年。

11.1.5　2014 年至今

阿里巴巴于 2014 年 9 月 19 日在纽约证券交易所正式上市，股票代码为 BABA，股价为 68 美元。当天，阿里巴巴股票以 92.7 美元开盘。阿里巴巴在首次公开募股中筹集了 250 亿美元，是纽交所有史以来最高的金额。

2015 年，本地服务提供商"口碑"成立。"口碑"是阿里巴巴和蚂蚁集团的合资公司。2016 年，第一家盒马鲜生店开业。作为阿里巴巴新零售计划的一部分，这标志着阿里巴巴专有的零售连锁店正式亮相。2017 年 6 月，阿里巴巴推出"天猫淘宝海外"，服务对象是全球海外华人市场超过 1 亿名消费者。

11.2　阿里巴巴的所有权和控制权

为了适应发展要求，阿里巴巴经历了几个阶段的融资，以满足融资需求，因而控制权也经历了变化。

11.2.1　1999—2004 年：初创，风险投资 / 私募股权（VC/PE）注入

作为一家快速发展的互联网公司，阿里巴巴不得不持续融资。在这个过程中，创始人坚持保留对阿里巴巴的控制权。擅长资本运作的专业人士蔡崇信（Joseph C.Tsai）在阿里巴巴的财务决策中也起到至关重要的作用。1999 年，在蔡崇信的帮助下，阿里巴巴成为一家股份制公司。蔡崇信还引入高盛、领英、新加坡政府科技发展基金和 Investor AB 等天使投资人，这些投资人向阿里巴巴联合投资 500 万美元。

2000 年，阿里巴巴在第二轮融资中筹集了 2,500 万美元，其中 2,000 万美元来自软银，500 万美元来自富达、汇亚、新加坡政府科技发展基金和 Investor AB。软银原本打算投资 3,000 万美元来换取阿里巴巴 30% 的股份，但阿里巴巴出于控制权方面的考虑拒绝了这一提议。第二轮融资后，阿里巴巴没有披露股权结构。

2004 年，阿里巴巴在第三轮融资中筹集了 8,200 万美元。其中，软银出资 6,000 万美元，其余 2,200 万美元来自其他机构。尽管阿里巴巴在 1999 年至 2004 年期间获得 VC/PE 投资后，创始团队的股份降至 47%（见表 11.1），但创始团队仍通过股东优势持有阿里巴巴的控制权。

表 11.1　阿里巴巴前三轮融资后的所有权结构

股东	创始团队	软银	富达	其他
所有权	47%	20%	18%	15%

资料来源：整理自各种公开发布的新闻稿件。

当时，阿里巴巴的股东结构分为两个主要部分：阿里巴巴创始团队和国际投资机构。在这个阶段，阿里巴巴筹集了足够的资金来支持自身发展。与此同时，国际投资机构帮助阿里巴巴把握住了中国互联网发展浪潮。这一时期，阿里巴巴的股东构成对其发展的影响主要体现在以下几个方面：

- 获取外部资源。这些国际投资机构自然而然为阿里巴巴带来了国际资产，使其能够获得金融资本以及国际联合及海外信息，阿里巴巴也可以利用这种渠道效应"走出去"（Ferreira 等，2010 年）。
- 棱镜效应。多家国际知名投资机构的投资体现出或象征着阿里巴巴的国际认可度，增加了品牌效应和影响力，从而带来收益的增加，并对公司的发展和业绩产生积极影响。
- 股权集中度下降。外部资本的引入是必然的，而股权集中度会随着资产规模的扩大而降低，从而影响决策速度。然而，在阿里巴巴的早期扩张阶段，其新股东主要是资本投资机构。虽然所有权相比以前更加分散，但适当的股权分离有助于公司的发展。此外，阿里巴巴创始团队仍是公司的第一大控股股东和实际控制者。

11.2.2　2005—2009 年：雅虎入场

2005 年，阿里巴巴缺少足够的资金在广告和促销方面与 eBay 进行竞争。另外，软银和其他机构投资者可能需要出售部分股份以换取现金。因此，阿里巴巴需要更多资金来满足融资需求。当时雅虎出资 10 亿美元，将雅虎中国与阿里巴巴合并，以换取阿里巴巴 40% 的股份和 35% 的投票权，雅虎由此成为阿里巴巴最大的股东。根据与雅虎签订的投资协议，其余 5% 的投票权将由阿里巴巴创始团队持有，直到 2010 年 10 月。这一投票权的转移归功于创始团队与当时雅虎的首席执行官杨致远之间的人脉关系。

表 11.2 显示了阿里巴巴第四轮融资后的所有权。[一]尽管阿里巴巴持有的股份少于雅虎，但双方协议确保了创始团队在现阶段仍拥有主要投票权和对阿里巴巴的控制权。

表 11.2　阿里巴巴第四轮融资后的股东结构（2010 年 10 月前）

	创始团队	软银	雅虎
持股比例	31.7%	29.3%	39%
投票权	36.7%	29.3%	34%

资料来源：https://www.alibaba.com/ 上市招股说明书（2007 年）；阿里巴巴集团招股说明书（2014 年）。

○　当时，阿里巴巴的所有权结构经历了重大调整。具体而言，创始人团队和软银接手了高盛、富达等机构投资者的部分股份。最后，创始人团队持有公司 31.7% 的股份，软银持有 29.3% 的股份。虽然被新发行的股份稀释，但雅虎仍是阿里巴巴的最大股东，持有 39% 的股份。

当时，阿里巴巴的股东结构和控制权如下：①股东结构从早期的多元化转变为产业资本雅虎、风投资本软银和阿里巴巴创始团队三方控股；②三方权力持平。尽管创始团队不再是阿里巴巴的最大股东，但其成员仍保留了对阿里巴巴的实际控制权。

11.2.3　2010 年至今：合伙人制度

此前，由于人脉关系，创始团队得以保留对阿里巴巴的控制权。然而，这种类型的股东间关系通常并不稳定。首席执行官杨致远离开雅虎后，创始团队失去了这一人脉关系。Jin（2010 年）报道称，雅虎的新任首席执行官 Carol Bartz 对这份协议很不满，并指责阿里巴巴毁掉了雅虎中国的品牌。

阿里巴巴和雅虎之间的协议将于 2010 年 10 月到期。届时，雅虎的投票权将增至 39%（见表 11.3），高于创始团队的 31.7%，而雅虎将获准增持阿里巴巴股份。此外，雅虎将能够增派在阿里巴巴董事会中的代表人数。如果雅虎增派董事，阿里巴巴的董事会将由阿里巴巴的两名代表、雅虎的两名代表和软银的一名代表组成。

表 11.3　阿里巴巴在 2010 年 10 月的投票权

	创始团队	软银	雅虎
投票权	31.7%	29.3%	39%

资料来源：阿里巴巴集团招股说明书（2014 年）。

从阿里巴巴的角度来看，雅虎业绩不佳，股价也很低，随时可能暴跌。相比之下，阿里巴巴发展迅速，业绩出色。为了保住阿里巴巴的控制权，最重要的措施是建立合伙人制度。该制度自 2010 年 7 月开始实施。合伙人由阿里巴巴创始人和高级管理人员组成，在该制度下，指定的合伙人有权任命阿里巴巴的大多数董事，确保创始团队即使只持有少量股份，依然能保留对董事会的控制权。[⊖]由此，创始团队便能够通过董事会从以下几个方面掌控阿里巴巴：

- 合伙人委员会控制着合伙人制度，是该制度的核心。它由至少 5 名成员组成，其中几名同时也是阿里巴巴创始人。此外，委员会可以指定一到两名合伙人为永久合伙人。除永久合伙人外，委员会其他合伙人的任期为五年，可以连任。合伙人委员会负责管理合伙人的选举，以及向所有合伙人分配相关部分的年度现金奖金池。通过这两项职责，合伙人委员会掌控着合伙人制度。

⊖ 阿里巴巴 2020 年年报显示，管理团队和董事会持有阿里巴巴 7.4% 的股份，软银则持有 24.9% 的股份。

- 合伙人委员会控制着合伙人的构成。对于新合伙人的选举，由现任合伙人提名候选人，再由合伙人委员会决定被提名的候选人是否有资格参选。然后，根据现任合伙人"一人一票"的原则，以及合伙人制度规定，得票至少 75% 的候选人才能当选为新的合伙人。

- 合伙人委员会决定所有合伙人的奖金分配。现金奖金池计算好后，董事会薪酬委员会首先确定管理团队的非合伙人成员的分配比例，剩余的奖金池由合伙人委员会分配给合伙人。

- 非创始合伙人与创始人形成联盟，让合伙人对阿里巴巴存在归属感。阿里巴巴合伙人既是公司的运营者、业务的建设者、文化的传承者，同时又是公司股东。合伙人的选举标准为：在阿里巴巴工作五年以上，具备优秀的领导能力，高度认同公司文化，并且对公司发展有积极性贡献，愿意为公司文化和使命传承竭尽全力。[⊖]符合资格的候选人必须是集团高管，熟悉阿里巴巴的运营。合伙人为阿里巴巴的发展投入了大量的精力，并希望阿里巴巴实现可持续发展，而不是追求短期利益。虽然大多数合伙人不是创始人，但他们和创始人有着相同的愿景和态度。此外，合伙人选举流程（在上一点中讨论过）确保候选人能够得到大多数现任合伙人的认可。因此，合伙人的选举标准更有可能确保阿里巴巴合伙人与创始人形成联盟。

- 合伙人构成保持稳定。合伙人不限人数，确保人才专业化和多样化，能够促进并适应阿里巴巴的发展。集团每年都会任命新的合伙人，直到他们离职或退休。此外，根据阿里巴巴的规则，合伙人的选举和罢免不需要在股东大会上通过，这限制了外部股东对合伙人构成的干预。

- 创始人通过合伙人制度控制着董事会的构成。阿里巴巴董事会的选举流程如下。首先，合伙人提名半数以上的董事在股东大会上进行讨论。其次，股东大会对这些提名进行投票。如果提名在股东大会上通过，被提名的人员将成为董事会成员。由于超过半数的董事会成员是由阿里巴巴合伙人提名的，这意味着创始人团队支持的人员构成了董事会半数席位。最后，如果股东大会否决了董事提名，则由合伙人先设立临时董事会，并提名新的董事会候选人，由下次股东大会投票决定。如果下次股东大会仍未通过合伙人的董事提名，合伙人将继续提名临时董事。当股东大会通过合伙人的董事提名时，选举流程结束。

⊖　https://www.alibabagroup.com/cn/ir/governance_9。

- 董事会选举流程几乎不可能修改。选举流程的变更需要得到至少 95% 的选票支持，但阿里合伙人目前持有阿里巴巴 5% 以上的股份。换句话说，合伙人以外的股东持有的股份不到 95%，这意味着投资方很难变更董事提名流程。
- 创始团队与大股东达成了协议，以巩固合伙人的控制权。创始团队还与大股东签署了其他协议：①未经同意，软银无权否决由合伙人提名的董事候选人；②软银必须将不少于 30% 的投票权交由蔡崇信等控制的投票信托进行管理，与此同时，蔡崇信等必须行使其投票权，支持软银在股东大会上提名的一名董事；③雅虎必须行使其投票权，支持合伙人和软银提名的董事。

除合伙人制度外，创始团队还采取了其他措施，以避免失去对阿里巴巴的控制权。首先，引入了几家风投公司，使阿里巴巴股东实现多样化，降低了雅虎所持股份的比例；创始团队在经过几轮谈判后，回购了雅虎持有的一半股份。

在这些事件之后，阿里巴巴的所有权结构发生了变化。一般来说，股权集中度会随着资产规模的扩大而降低（Demsetz 和 Lehn，1985 年），阿里巴巴也是如此。随着公司资产的增长，财务资源需求增加所导致的融资行为造成了创始团队股份的稀释。从表 11.4 的股东结构可以看出，前三大股东的赫芬达尔 - 赫希曼指数（HHI）有所下降，阿里巴巴的股权集中度也下降了。HHI 表示股权集中度：HHI 越接近 1，前三大股东持股比例差异越大，股权越集中。2014 年，阿里巴巴在纽约证券交易所上市后，前三大股东的 HHI 降至 0.25 以下（见表 11.4）。

表 11.4　阿里巴巴股权集中度的变化

	1999 年首次融资	2005 年之前	2005 年雅虎入股之后	2014 年纽交所上市之后
创始人或合伙人的持股比例	60%	47%	31.7%	13.1%
前三大股东的持股情况	100%	85%	100%	56%
前三大股东的 HHI	0.52	0.29	0.34	0.14

资料来源：整理自公开信息。

11.3　阿里巴巴合伙人制度的影响探讨

11.3.1　所有权和控制权的分离

自第一轮融资以来，阿里巴巴在近十年的时间里获得了不同机构的多轮投资，创始团队持股比例有所降低。创始人和机构股东对公司的经营计划和发展战略持有不同观点，特别是当机构股东追求短期利益时，双方之间的利益冲突随之产生。然而，如前所述，尽管阿里巴巴创始团队的持股比例低于其他投资者，但在合伙人制度下，他们仍然保留了对阿里巴巴的控制权。

作为一项稳定措施，合伙人制度在制度层面保证了创始团队的控制权。具体而言，尽管创始团队的持股比例低于外部股东的持股比例，合伙人制度使创始团队的控制权合法化，限制了其他投资者的权力。

该制度适用于其他互联网公司。由于互联网行业发展迅速，从 BMI 指数方面来看，创始人与外部投资者之间的信息不对称程度较高（Zheng 等，2016 年）。因此，新技术和创新对互联网公司至关重要。正如腾讯董事长兼首席执行官马化腾所说，"互联网行业的技术和模式更新之快，超乎想象"。在快节奏的变革中，创新已成为互联网企业赖以生存的根本（Wu，2015 年）。

长期以来，阿里巴巴一直走在商业模式创新的前沿，这导致其外部投资者更有可能缺乏专业的知识和分析技能来理解其商业模式。与外部投资者相比，创始人团队更加了解阿里巴巴当前的商业模式和未来的发展。因此，外部投资者必须依赖创始团队的知识。这使得阿里巴巴实施专业化分工在情理之中。具体而言，外部投资者负责提供资金，而创始人利用自己的专业技能和对商业模式的理解来发展公司（Zheng 等，2016 年）。因此，软银、雅虎等股东将控制权转移给创始团队，创始团队能够进行商业模式的创新和发展，为股东提供更高的投资回报。

阿里巴巴在纽交所上市后，软银在 14 年的时间获得了 71 倍的投资回报（Qin，2014 年）。这表明，外部投资者放弃控制权并没有损害其自身利益。相比之下，所有权和控制权的分离为其带来了更高的回报。软银和雅虎也曾公开支持阿里巴巴的合伙人制度（Osawa，2013 年）。例如，软银董事长兼首席执行官孙正义曾表示，"这些年来，阿里巴巴成绩非凡，为股东们创造了巨大的价值。因此我们非常支持阿里巴巴的合伙人制度"（中国日报，2013 年）。

因此，所有权和控制权两权分离，结合阿里巴巴独特的合伙人制度和专业化分工等制度背景，对阿里巴巴业务有何影响很有分析价值。

1. 商业模式的大胆创新

作为一家互联网公司，阿里巴巴长期发展的主要目标是商业模式创新。正如阿里巴巴首席执行官张勇所说，"数字技术的创新如此之快，我们必须跟上创新的步伐"（Ding，2021 年）。

然而，如果创始人整日担心大股东会辞退他们，他们就不会对阿里巴巴进行人力资本投资⊖。例如，管理层可能希望开发一种新的商业模式，这种模式需要长时间运营才能产生回报，并在未来实现盈利。然而，如果外部投资者由于缺乏行业知识和经验而不了解这种新商业模式的潜在利益，他们可能会否决商业计划。此外，如果外部投资者只追求短期利益，而管理层关注的是长期利益，外部投资者可能会因为利益不一致而决定辞退管理人员。如果这样的事发生在阿里巴巴，管理团队就不会改变商业模式，而这将对阿里巴巴的持续和长期发展产生负面影响（Zheng 等，2016 年）。

但是，如果创始团队掌握了公司的控制权，则可以防止外部投资者缺乏远见的行为破坏公司的发展机会，防止创始团队在决策时因股份有限而受到约束（Peng 和 Cao，2016 年）。由于创始团队保留了对阿里巴巴的控制权，特别是合伙人制度的实施为创始人提供了更稳定的控制权协议，创始人可以投入人力资本对阿里巴巴的商业模式进行创新。例如，阿里巴巴在 2010 年之后进入了快速发展阶段。当时，阿里巴巴收购了电子商务解决方案提供商和移动导航企业，将淘宝拆分为天猫和聚划算，并建立了阿里影业等多个部门，从而实现了业务多元化，逐渐成为中国乃至世界的在线商务和电子商务领导者。

2. 完善外部投资者的监督职能

在阿里巴巴，所有权和控制权的分离本质上是创始团队和外部投资者的专业化分工。这种专业化分工给创始团队成员留下了更多空间，让他们能够利用自己的专业技能和行业经验来运营和发展阿里巴巴。与此同时，这促使外部投资者专注于他们的监督职能。因此，两权分离可以让双方充分利用各自的知识和技能，对阿里巴巴的发展产生积极影响（Zheng，2019 年）。

虽然外部大股东已经放弃了对阿里巴巴的控制权，但他们的监督职能可能会增加，因为他们不会为阿里巴巴的运营和发展战略分心，可以专注于其他业务方面，如监督管理。外部股东也可以在股东大会上发表意见。例如，由合伙人提名的董事必须在股东大会上获得批准通过。此外，软银拥有一个董事会席位，这表明它仍在

⊖　这里的"人力资本投资"是指创始人需要将自己的时间、精力和劳动力投入到阿里巴巴的发展中。

监督阿里巴巴的运营。因此，虽然外部股东不会过多关注阿里巴巴的具体业务和发展战略，但他们会监督阿里巴巴的管理团队，从而提高公司治理水平。

3. 管理和运营保持稳定

管理层可能面临恶意收购的潜在风险，导致管理层动荡，不利于企业的长期发展（Bhide，1989 年）。阿里巴巴的合伙人制度在一定程度上降低了这种可能性。

合伙人通过控制董事会的构成来掌控阿里巴巴。如此一来，合伙人的控制权就与持股比例无关。这样，即使恶意收购者成功收购了阿里巴巴的大部分股份，他们也无法获得对阿里巴巴的实际控制权，无法变更管理团队。因此，在合伙人制度下，阿里巴巴的股份对恶意收购者不存在吸引力，因为对他们来说，收购这些股份毫无意义。所以，他们没有收购阿里巴巴的动机。

这样一来，合伙人团队不太可能受到来自潜在恶意收购者的压力，管理团队将保持稳定。这使得阿里巴巴的管理团队能够专注于长远的战略发展目标和阿里巴巴的持续健康发展。

11.3.2　合伙人对共同文化和价值观的认可

合伙人制度保护合伙人对阿里巴巴的控制权。如前所述，合伙人团队由了解并适应阿里巴巴文化的高管组成。

合伙人制度的主要目的是继承、捍卫和延续阿里巴巴的企业文化（Global Tech，2013 年）。这一目标更有可能减少缺乏远见的决策和对短期利益的追求，有利于阿里巴巴的长远发展。

雅虎首席发展官、雅虎在阿里巴巴的代表 Jacqueline Reses 曾表示对阿里巴巴合伙人制度的认可，"面对快速发展的技术市场，公司的领导层应该能够继续保持公司文化并为未来制定战略方针，这对公司至关重要"（路透社，2013 年）。

根据合伙人的定义，合伙人承担创始人、股东、执行董事和管理者多重角色。合伙人制度可能激励阿里巴巴的合伙人基于归属感充分发挥自己的才能，并兼顾阿里巴巴的短期和长期利益（Zheng，2019 年）。

首先，在合伙人制度下，管理者的角色从员工转变为合伙人。作为创办和发展公司的企业家，创始人对他们的公司很有感情，希望公司能长久运营。此外，创始人的名字和声誉往往与他们的公司紧密相连。因此，他们不太可能将自己的公司变成谋取短期利益的工具，反而会试图避免因缺乏远见而受到指责或名声受损。因此，可以认为，大多数创始人都希望实现企业的长期可持续发展，阿里巴巴的合伙人团队也不例外。阿里巴巴的合伙人制度为这些合伙人提供了实现愿望的条件，这反过来也有利于阿里巴巴的长远发展。

其次，合伙人很可能赞同其他合伙人的行为。合伙人团队遵循共同的标准和合理性原则。同时，对合伙人的控制体现在团队的价值观、规范和规则中，通过合理性原则支配他们的行为。同伴压力、合理性原则和控制有力结合，将带来更有效的监督。合伙人必须符合阿里巴巴的价值观、目标、标准和规则，因为"如果他们想抵制团队的控制，他们必须愿意牺牲自己的人格尊严，冒着让其他人认为他们不值得成为'队友'的风险"（Barker，1993 年）。

最后，基于共同的文化和价值观，合伙人在阿里巴巴充分发挥自己的专业技能。同时，合伙人团队吸纳了均衡、多样化的专业人才，这有利于阿里巴巴的运营和发展。据 Han（2016 年）介绍，阿里巴巴的合伙人团队由 21% 的计算机专家、29% 的法律和金融专家、18% 的销售和公关专家、23% 的管理专家和 9% 的多技能专家组成。通过分析阿里巴巴的财务报告，Han（2016 年）进一步发现，合伙人的技能均衡对阿里巴巴的盈利能力、风险管理和业务增长等多个方面的业绩都有积极贡献。

总之，合伙人制度有利于阿里巴巴进行公司治理。首先，所有权和控制权的分离带来了管理层和外部投资者的专业化分工。管理层可以大胆进行商业模式和技术的创新，这对互联网企业的生存和发展至关重要。与此同时，外部投资者的监督职能得到加强，因为他们不会为其他业务方面（如企业运营和发展战略）分心。其次，管理层不需要担心恶意收购者。最后，合伙人制度确保合伙人共同维护阿里巴巴的企业文化和价值观，从而增强了团队凝聚力，使他们专注于阿里巴巴长远发展的共同目标。其他互联网公司可以借鉴阿里巴巴的合伙人制度。

讨论问题

1. 创始团队如何通过合伙人制度确保对阿里巴巴的实际控制权？

2. 阿里巴巴的合伙人制度是一种创新模式，能够确保创始团队对阿里巴巴拥有绝对的控制权。双重股权制度是保护创始人控制权的另一种创新模式。请描述一下双重股权制度，并与阿里巴巴的合伙人制度进行比较。

3. 有些公司适合双重股权结构，有些则不适合。请分别列出双重股权结构实行失败和成功的公司案例。

4. 有人说，成为第一大股东是创始人保护控制权的唯一途径。你同意吗？为什么？

5. 从公司治理的角度来看，阿里巴巴的合伙人制度是否损害了其发展？

6. 软银和雅虎为什么会同意实施合伙人制度？

参考文献

Alibaba Group. (2020). Annual report 2020. *Alibaba Group.* https://doc.irasia.com/listco/hk/alibabagroup/annual/2020/car2020.pdf

Barker, J. R. (1993). Tightening the iron cage: Concertive control in self-managing teams. *Administrative Science Quarterly, 38*(3), 408–437.

Bhide, A. (1989). The causes and consequences of hostile takeovers. *Journal of Applied Corporate Finance, 2*(2), 36–59.

China Daily. (2013). Soft Bank son Masayoshi: The partnership system is the core of Alibaba's success. *China Daily.* http://covid-19.chinadaily.com.cn/hqcj/xfly/2013-09-27/content_10212842.html. [in Chinese].

Demsetz, H., & Lehn, K. (1985). The structure of corporate ownership: Causes and consequences. *Journal of Political Economy, 93*, 1155–1177.

Ferreira, M. A., Massa, M., & Matos, P. (2010). Shareholders at the gate? Institutional investors and cross-border mergers and acquisitions. *The Review of Financial Studies, 23*, 601–644.

Global Tech. (2013). Joseph Tsai: Why does Alibaba implement the partnership system. *Global Tech.* https://tech.huanqiu.com/article/9CaKrnJCsss. [in Chinese].

Han, C. J. (2016). *A study on the relationship between ownership structure and actual control of internet companies* [Master Thesis, Suzhou University]. [in Chinese].

Jin, Z. H. (2010). Yahoo and Alibaba, 'the itch of five years'. *Global Entrepreneur.* https://www.reuters.com/article/idCNCHINA-3414220101129. [in Chinese].

Osawa, J. (2013). Softbank, Yahoo support Alibaba's partnership structure. *WSJ.* https://www.wsj.com/articles/BL-DGB-29616

Peng, Z. M., & Cao, X. L. (2016). An analysis of the dual-class ownership structure in the game of control—From the perspective of solving the dilemma of equity financing and dilution. *Securities Market Herald, 7*, 69–78. [in Chinese].

Qin, S. (2014). How deep is the knowledge of investment? Why did SoftBank's investment on Alibaba obtain a 7100% return? *Business Culture, 31*, 64–67. [in Chinese].

Reuters. (2013). Top shareholders back Alibaba's controversial corporate structure. *Reuters.* https://www.reuters.com/article/alibaba-ipo-idINDEE98Q03Z20130927

Wu, Z. Y. (2015). Ma Huateng: Internet innovation is not a 'dazzling skill'. *People.cn.* http://media.people.com.cn/n/2015/1211/c40606-27916030. html. [in Chinese].

Zheng, Z. G. (2019). From the shareholder-centered paradigm to the entrepreneur-centered paradigm: The global trend of corporate governance reform. *Chinese Review of Financial Studies, 1,* 58–72. [in Chinese].

Zheng, Z. G., Zou, Y., & Cui, L. (2016). Partnership and choice of control arrangement for startup team: A case study of Alibaba Group. *China Industrial Economics, 10,* 126–143. [in Chinese].

第 12 章

李锦记

李锦记（LKK）于 1888 年在广东省成立，最初只是一家小型蚝油庄。李锦记的蚝油十分畅销，使得其由家族企业走向国际扩张的道路。在 1980 年之前，李锦记一直是一家小公司，在香港只有 25 名员工。第三代传人李文达在 20 世纪 70 年代初买下了家族其他成员的股份，成为家族企业的所有者和经营者。他的五个子女都在国外接受教育，其中四人是企业所有者并担任高管职位，负责企业在 20 世纪 80 年代和 90 年代的大规模扩张和多样化经营。

在 21 世纪初，李氏家族的第三代和第四代传人认识到，为了支持家族企业的发展和保证家族企业的传承，需要进行一系列的制度和治理改革，包括建立家族治理结构和家族章程。新的治理机制为家族企业未来的发展和后代的所有权继承奠定了坚实的基础。

12.1 李锦记发展史

12.1.1 起源和早期发展

李锦记由李锦裳创立，他在广东的沿海小镇南水镇经营茶馆时发明了蚝油。他经常煮生蚝汤，搭配茶水出售，但有一天，生蚝汤煮过头了，汤汁变得浓稠且香味浓郁，李锦裳便决定把它作为新产品出售。这种产品一经推出，大受欢迎。因此，他决定关闭茶馆，专心研究酱料。1888 年，他创立了李锦记蚝油庄（李锦记发展历程中关键事件见表 12.1）。

表 12.1　李锦记：关键事件

时间	描述
1888 年	李锦裳发明了蚝油，创立了李锦记蚝油庄
1972 年	李兆南和家族其他成员在企业经营上出现意见分歧。李兆南的儿子李文达购买了家族其他成员的股份
1980 年	李文达和弟弟发生商务纠纷，并购买了弟弟的股份
1992 年	李文达的幼子李惠森成立了李锦记健康产品集团
20 世纪 90 年代	李锦记在第四代的协力下迅速拓展业务并实现多样化发展
2013 年	李锦记成立家族理事会，并下设若干常设家族事务机构
21 世纪 10 年代末	第四代成员开始实施他们精心规划的第五代传承事宜

20 世纪初，在李锦裳和他的儿子李兆南的努力下，家族企业蓬勃发展。20 世纪 20 年代，家族第二代传人继承了企业，推动了企业的进一步发展，并且推出了虾酱并开始在美国销售，这一切都离不开专业的品牌和营销作为支持。1932 年，公司迁往香港。

不过，在 20 世纪 70 年代初，李兆南和家族其他成员在企业经营上出现意见分歧。李兆南认为，公司应该积极扩大市场份额，而这一想法遭到了家族其他成员的强烈反对。李兆南的长子李文达与父亲意见一致，便决定购买家族其他成员持有的所有公司股份。虽然这个想法给李文达造成了巨大的财务负担，但他最终实现了自己的愿景，并在 44 岁时成为李锦记集团主席。他有 8 个兄弟姐妹，但他从父亲那里继承了整个公司（李锦记家族经营示意图见图 12.1）。李文达是李锦记家族企业的第三代传人。

12.1.2　全球扩张：20 世纪 70 年代和 80 年代

李文达善于洞察社会及政治趋势。1972 年美国总统尼克松访华时，李文达注意到了中国赠予美国的两只熊猫对美国政府的意义。他认为在西方国家和地区，熊猫会成为来自中国的友好象征。与此同时，他意识到中餐在西方国家和地区的不同民族中会越来越受到欢迎。因此，公司推出了价格比李锦记蚝油更实惠的全新产品——熊猫牌蚝油，并销往北美地区。

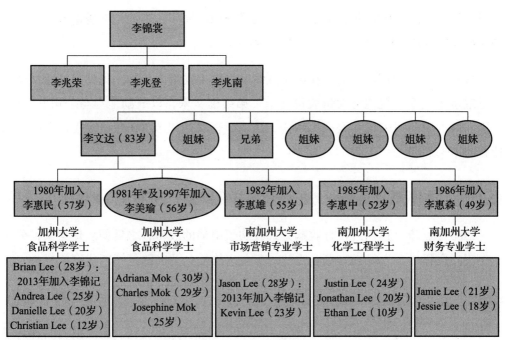

*李美瑜女士于1981年首次加入李锦记，为期两年，1997年重返李锦记。

图 12.1 李锦记家族经营示意图［资料来源：Ward（2016 年）］

　　李文达有五个子女。他给他们取了英文名，并鼓励他们出国留学。1980 年，他的长子李惠民从加州大学毕业，李文达便请他来香港照料家族生意。李惠民一开始拒绝了，并在美国找到了工作。不过，他后来意识到自己有责任协助和参与家族企业的运营，确保家族企业代代相传，并最终接受了父亲的提议。之后，李惠民就任李锦记董事长，他的弟弟们也在集团任职。李惠民一代是李锦记家族的第四代成员。他的弟弟李惠雄毕业于南加州大学，主修市场营销。1982 年加入家族企业后，他负责美国、南美洲和欧洲地区的企业运营。他的另一个弟弟李惠中主修化学工程，后来负责李锦记在中国地区的业务。他最小的弟弟李惠森拥有金融和管理学位，在加入李锦记之前曾在香港花旗银行任职。李惠森在 20 世纪 90 年代初创立李锦记健康产品集团，之后担任主席。四兄弟薪酬待遇相等。他们的姐妹李美瑜于 1981 年加入李锦记，担任技术服务总监。

　　随着家族企业的发展，第四代家族成员展露出创业才干和治理能力。20 世纪 80 年代初，李惠雄决定处理公司在美国的应收账款。他只有三名员工和 4 万美元现金，在一个装满产品的仓库里工作。坏账处理进展甚微，于是，他决定用 4 万美元投放一系列广告来吸引新客户，并为他们提供有限的信用销售期。他的战略取得了成功，李锦记开始在美国腾飞。1986 年，李锦记在纽约开设了办事处，1991 年又在洛杉矶开设了生产工厂。1988年，为了庆祝公司成立100周年，李锦记在香港开设了一家规模更大的生产工厂。

1986年，李锦记家族成员在经营战略上再次出现重大分歧。虽然李文达从父亲那里继承了企业，但他将大量股份交给了弟弟李文乐，以鼓励他参与公司的发展。然而，两人因公司未来发展产生纠纷，之后，李文达以8,000万港元收购了弟弟所持有的40%的股份。

12.1.3 第四代管理下的业务扩张和多样化经营：20世纪90年代

1986年，李文达通过杠杆收购方式收购了弟弟的股份，之后便负债累累，公司的净资产也骤然变为负值。幸运的是，李文达的子女，也就是第四代家族成员，齐心协力帮助他和家族企业克服了这些挑战。他们开始通过扩张业务和多样化经营来寻求新的发展机遇。李文达的幼子李惠森在20世纪90年代打造了"无限极"品牌，成功推出了一系列"健康产品"，包括中草药、补品和护肤品。"无限极"品牌的早期发展前景广阔，但由于产品销售主要依赖直销分销渠道，涉嫌传销和虚假宣传等问题时有发生，在中国政府颁布有关法律法规依法进行整顿后，⊖ "健康产品"的销量急剧下降，该业务也陷入亏损状态。李锦记开始出售亏损业务，"健康产品"也包括在内。然而，李惠森并不同意，父子两人陷入了僵局。2000年，李惠森请求了5年的宽限期，并承诺会将公司的收入增加12倍，他要证明"健康产品"业务可以获得成功。2004年，他实现了这一目标，比原计划提前了一年。目前还不清楚他是如何达到目标的。自此以后，李锦记的"健康产品"业务继续发展，并于2016年创造了35亿美元的收入。李锦记相关信息如表12.2所示。

表12.2　李锦记相关信息

项目	描述
成立年份	1888年
地点	总部设在中国香港地区。在中国的新会、黄埔、香港，马来西亚的某些地区和美国的洛杉矶等地设有生产基地
业务分类	酱料：200余种品牌酱料和调味品，在100多个国家和地区销售 "健康产品"：中草药健康产品。无限极在中国北方和南方都有生产基地，已研发出145款产品，拥有7,000家门店，大部分门店都设在中国
	2018年，李锦记健康产品集团下设四个分部：无限极、天方健、无限极物业投资和爽资本投资
财务业绩	净资产：171亿美元

资料来源：福布斯（2019年）。

⊖ 1997年1月10日，国家工商行政管理局发布第73号令（《传销管理办法》），这也是中国第一个关于传销的条例。1998年4月21日，国务院下发《国务院关于禁止传销经营活动的通知》（国发〔1998〕10号）。1999年12月，国家工商行政管理局成立了一个专门小组，打击非法传销活动。

20 世纪 90 年代初，李锦记家族积极发展其他领域的业务，比如在 1990 年成立了一家中式快餐连锁店并小有所成。1991 年，李锦记物业公司成立。1995 年，李锦记推出了第一款酱油产品，进军成熟而竞争激烈的酱油市场。仅用八年时间，它就获得了 2003 年中国顶级品牌奖。李锦记的多样化经营还包括生产非传统的利基产品，如番茄酱和卤水汁。李锦记能够实现业务扩张和多样化经营，其关键在于第三代和第四代家族成员的优秀管理和团队合作。

12.2 李锦记面临的治理挑战

12.2.1 潜在的内斗

李锦记面临的治理挑战之一是如何建立有效的治理机制，以避免家族成员可能为争夺所有权而内斗。家人间会存在各种各样的冲突，往昔的伤痛和根深蒂固的对立如影随形。如果家族成员之间发生内斗，后果可能不堪设想。在李锦记的历史上，家族内部曾出现过两次手足之争，差点摧毁家族企业。第一次是在 20 世纪 70 年代，第二代家族成员发生争执。因经营理念不合，李兆南和两个哥哥争夺李锦记所有权。最终，李兆南和儿子李文达斥巨资购买了公司股份，李锦记不断壮大。然而，1986 年，李文达和弟弟李文乐之间再次爆发了类似的手足之争。起初，李文达是李锦记的唯一所有人。为了鼓励李文乐协助发展家族企业，李文达将自己所持的部分公司股份交给了李文乐。后来，两兄弟之间出现了所有权纠纷，并打了六年官司。最终，李文达以 8,000 万港元杠杆收购了李文乐的股份，解决了家族纠纷。他和李锦记也因此陷入债务危机。历经两次家族纠纷，李文达深知家族和睦是家族企业长期发展的关键因素。

12.2.2 多代管理，复杂性增加

李文达和第四代成员面临的另一个治理挑战是如何确保李锦记的传承。虽然第四代（李惠民、李美瑜、李惠雄、李惠中和李惠森）已从第三代（李文达）手中接管李锦记并于 2017 年完成接班，但由于家系越来越复杂（治理结构见图 12.2），下一代的接班计划很可能是一项艰巨的任务。随着每一代新成员的诞生，未来家族股东的数量可能会增加。2018 年，李锦记家族第五代已有 14 位成员，年龄从 15 岁到 36 岁不等。他们在国外接受教育，比起第四代成员，他们年轻时在李锦记度过的时间更短。因此，与第四代相比，第五代成员很可能对家族企业有着不同的价值观和目

标，传承也变得困难重重。此外，他们对李锦记的情感依恋程度较低，因此很可能不会参与公司运营。

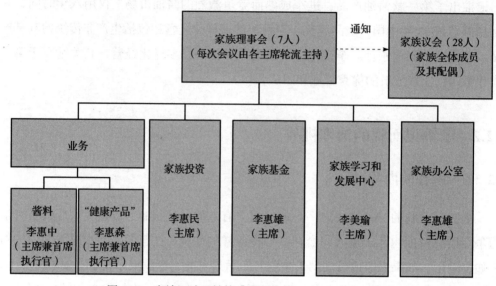

图 12.2 李锦记治理结构［资料来源：Ward（2016 年）］

这些挑战凸显出有效治理对于规避企业和家族潜在负面影响的重要性。幸运的是，第三代和第四代已经提前做好规划。

12.2.3 李锦记的治理转型

为了顺利将李锦记所有权移交给下一代成员，避免家族内斗，李文达和第四代成员认为，正式的治理机制对于确保公司的代代相传和未来发展至关重要。因此，21 世纪初，李文达从欧洲和日本公司引进了一套家族治理方案。

李锦记需要建立治理机制，不仅仅是为了管理监督，也是为了提升家族内部的凝聚力。李锦记的治理机制包括制定治理准则（家族章程）和治理结构。

12.2.4 治理准则（家族章程）

家族章程作为治理准则，明确了关于家族与企业关系的规章制度，例如所有权继承、家族参与业务及不同董事会的责任。制定家族章程不仅是为了解决经营多代家族企业面临的问题，⊖也是为了提前规划家族企业向下一代的传承。家族章程的制

⊖ 在撰写本书时，该家族的三代成员共同参与李锦记的运营（李文达于 2021 年去世，现已不包括在内）。

定和修改必须经由家族理事会 75% 以上的成员批准通过。家族章程的主要内容概述
如下：

- 家族所有权的继承。所有股份只能传给有血缘关系的亲属，比如儿子和女儿，而不能传给女婿或儿媳。该条款是为了确保李锦记家族掌控公司所有权。所有权的传承不分男女，根据家族成员的参与程度来决定。从第一代到第三代，李锦记继承了中国传统家庭的观念，即所有权传男不传女。不过，根据李锦记的家族章程，男性和女性亲属享有平等的所有权继承权。

- 家族参与业务。鼓励家族成员加入李锦记，但他们必须先在其他公司工作三到五年才能加入李锦记。家族成员的应聘程序及工作考核必须与非家族成员相同。该条款是为了设定明确的选拔和责任标准，通过确保招聘和晋升的公平性，避免裙带关系，从而促进家族成员与非家族员工之间的和谐互助。

- 在家族理事会、董事会和管理层中承担的角色。家族章程明确区分了家族理事会、董事会和管理团队的职能，以避免家族对企业的不当干预。章程规定：家族理事会主要负责重要的企业决策、董事会的架构、家族章程的制定以及协调家族关系和所有权；董事会主要负责选聘高管、监督公司业绩及管理业务网络；管理团队负责制定和实施企业战略、开展公司的日常运营、招聘和评估员工以及创建公司文化和员工标准。

12.2.5　治理结构

李锦记的治理结构与上市公司有很大的不同，上市公司的特点是设有股东大会、董事会和监事会等，而李锦记的治理结构分为家族治理（例如家族议会、家族理事会、家族办公室、家族基金、家族投资以及家族学习和发展中心）和企业治理（例如家族理事会和董事会）两方面。

- 家族议会。李锦记家族议会是全体家族成员的正式沟通平台，仅讨论家族重大事务。家族议会每年召开一次。所有家族成员都必须参加，因为定期的家族会议可以增进家族成员对企业的了解、情感依恋和认同。

- 家族理事会。家族理事会的职能与股东大会类似。在家族治理结构中，家族理事会是制定企业运营决策的主要平台。家族理事会允许家族成员表达和讨论他们对家族企业发展的看法，培养互信关系、共同价值观和愿景，并更加有效地将这些转化为计划和行动。家族理事会还推动了李锦记家族章程的制

定。在家族理事会，重要的企业计划和战略需要超过 51% 的家族成员投票通过。参与企业运营的家族成员每年参加四次由家族理事会召开的会议，会议由主席轮流主持。家族理事会的最初成员是李文达、妻子蔡美灵和第四代的五个子女。自 2014 年起，第五代的四名成员陆续加入了家族理事会。Charles、Brian 和 Jason 于 2014 年加入，Andrea 于 2018 年加入。

- 家族办公室。家族办公室是负责协助家族成员的支持和行政中心。具体而言，当家族成员之间发生冲突时，由家族办公室提供解决措施。家族办公室由资历深厚的非家族员工组成。委任非家族成员在家族纠纷中担任仲裁者，能够为家族成员提供客观的意见，让他们能够控制自己的情绪，避免对其他家族成员产生怨恨。这种机制可以维系长期的家族团结和可持续性。

- 家族基金。家族基金与家族办公室共同决定家族慈善捐赠事务，承担社会责任。例如，李锦记在当地社区修建了学校和其他设施，并在中国各地提供眼科医疗服务。

- 家族投资。家族投资是一个独立的财富管理办公室，负责准备家族企业提交给家族理事会的投资建议。李锦记采用 70 : 20 : 10 的投资法则：70% 再投资于核心业务，20% 投资于相关业务，10% 投资于新业务。

- 家族学习和发展中心（FLDC）。设立家族学习和发展中心是为了向家族成员提供职业规划和领导能力培训方案。第五代家族成员如果想要获得晋升，需要具备足够的领导能力，并完成特定的培训课程。

- 董事会。董事会的职能包括监督企业运营、聘用和解雇高管、批准高管激励措施及评估高管表现。董事会成员由家族理事会委任。具备能力并对企业运营感兴趣的家族成员有机会在董事会任职。虽然非执行董事可以是非家族成员，但董事长必须由家族成员担任，且每两年轮换一次。在 2019 年之前，董事会成员包括李文达、他的四个儿子和两名外部的非执行董事，并计划再增加两名外部董事，将董事会成员增至九人。所有独立董事必须由非家族成员担任。

12.3　李锦记的业绩和传承

12.3.1　企业的业绩

治理机制建立 15 年后，李锦记在 21 世纪第二个十年继续蓬勃发展。2012 年，李锦记产品获选成为中国"神舟九号"航天食品，李锦记成为中国航天计划的官方合作伙伴。这十年来，李锦记酱料及健康产品的总销售额持续稳步增长。2018 年，李锦记成为全球最大的蚝油制造商，年收入超过 30 亿美元，预估利润为 1.5 亿美元。根据《福布斯》2021 年中国香港富豪榜，李文达凭借 174 亿美元的身家跻身前十（Simpson，2021 年）。

12.3.2　传承：已做出关键决定

21 世纪初，李锦记建立了治理结构和家族章程，为企业的传承铺平了道路并收获许多利益，为第五代成员参与家族企业做好了准备。2010 年代末是李锦记家族的变革关键期，第四代成员开始实施他们精心规划的第五代成员传承事宜。FLDC 对第五代成员进行了相当密集的董事会培训计划。得益于这项计划，自 2014 年起，第五代的四名成员已在家族理事会任职：Charles、Brian、Jason 和 Andrea。他们逐渐适应了自己的角色。另外，Kevin Lee 被任命为 FLDC 的负责人。2018 年初，第四代的四兄弟李惠中、李惠民、李惠雄和李惠森仍然参与家族理事会的事务。他们计划辞去主席一职，为第五代成员让路，但会继续担任理事会成员，直到退休。2020年，第五代中有部分成员年龄还未满 20 岁。因此，第五代中可能会有更多成员在未来加入家族理事会。

12.4　李锦记的家族治理与企业治理

李锦记作为家族企业发展至今已有 130 多年历史，家族从创业起步，并为代代传承建立了治理基础，是家族企业传承的典范。家族企业与非家族企业的不同之处在于是否与家族有关。就其本质而言，家族企业面临着来自家族的额外挑战，非家族企业则无须应对这些挑战。其中一些挑战可以通过在公司内部采用健全的公司治理机制来克服。以李锦记为例，它通过建立家族章程和家族治理结构，防止潜在内斗，实现企业代代传承。

随着李锦记家族及其业务的持续发展，如何保持多代人和所有家族成员间多年来的团结和利益一致，这成为治理时的一大挑战。李锦记家族在创立初期（第一代）面临的家族治理问题很少，大多数决策都由创始人制定，家族意见较为统一。随着时间的推移，李锦记进入发展周期的下一个阶段（第二代和第三代），更多的成员加入了家族企业。他们对企业的运营及战略定义持有不同的想法和观点。如前所述，由于家族纠纷，家族和企业都遭受了重创。因此，有必要建立适当的治理结构和机制，以便进行有效的沟通，并明确每个参与家族企业的人员的职能和对他们的期望。另外，到第五代时，李锦记家族更加壮大，谱系更加复杂。第五代成员有自己喜欢的其他工作和生活，所以并不是所有人都对参与家族企业感兴趣。为了李锦记的生存，李文达建立了公司治理改善途径，为传承做好准备。

李锦记治理机制的主要组成部分是家族章程，其中明确规定了管理家族成员与企业之间关系的家族政策，以及由不同职能部门（例如家族议会、家族理事会、家族办公室、董事会和高级管理层）出于不同目的组成的治理结构。

首先，李锦记家族章程不仅明确了不同治理机构的角色和职能，还对所有权继承和家族成员雇用的具体标准做出了明确规定。在持股政策方面，章程规定只有血亲才能继承股份，家族股东在退出时只能在家族内部转让股份。这些规定能够确保企业的控制权仍然属于家族。在雇佣政策方面，章程规定家族成员与非家族成员享有相同的权利和义务，家庭成员不受区别对待或偏袒。这项政策很重要，它有助于为家族企业的所有员工打造公平的工作环境。此外，李锦记还有一些关于婚姻的不成文规定，目的是防止潜在的家庭危机。李文达规定，不准离婚、不准有婚外情、不要晚婚，违反这些规定的人员必须退出董事会。随着家族及家族企业不断复杂化，家族章程变得越发重要。虽然更多的家族成员拥有所有权，可能会产生更大的利益和动机分歧，但一套精心制定的原则和流程可以管理家族成员与企业的关系，为长期可持续发展提供了稳定性和明确方向，并确保家族成员不会因意见分歧而陷入纠纷。

其次，李锦记的治理结构分为家族治理和企业治理。家族治理机构的职能与董事会、管理团队等企业治理机构的职能需要加以区分，这一点非常重要。家族事务应该与企业事务分开。

李锦记的家族治理机构是讨论敏感问题和确定解决方案的平台。例如，家族议会的创建是为了解决家族问题，它完全独立于董事会和管理团队，董事会和管理团队则专注于企业决策。家族理事会在企业决策方面具有最高权力。它由家族核心成员组成，是公司管理层与家族成员之间的纽带。多年来，家族理事会解决了许多棘手的问题，例如，禁止家族成员的配偶入职李锦记，规定家族章程的修改必须经家族理事会三分之二以上的成员批准通过，将李锦记业务部门的强制退休年龄定为65岁，家族理事会的强制退休年龄定为70岁。它还引入了新的规则，比如允许非家族成员担任李锦记任意业务部门的董事长，以吸引外部人才。家族议会和家族理事会都有助于建立交流平台，以促进公开讨论和减少家庭冲突。李惠森认为，造成家族内部诸多问题的原因之一是家族成员之间无法沟通（Au 等，2011 年，53 页）。除了这两个机构外，李锦记的家族成员还发展了其他类型的机构，涵盖他们特别关注的领域。例如，家族办公室是服务于家族成员的支持和行政中心，而 FLDC 则为后代组织教育及其他活动。

建立一个稳固的家族治理体系有助于预见和解决家族成员之间关于企业事务的潜在冲突，使他们能够专注于发展企业等其他关键问题。

最后，除家族治理机构外，李锦记还建立了由董事会和管理团队组成的企业治理结构。董事会在制定公司战略、考核管理层业绩等重要企业事务中发挥积极作用。这些工作要求董事会经常开会，并且具备必要的专业知识和独立性，以考查公司管理层的能力。为此，李锦记的董事会也包括独立外部董事。此外，家族理事会正在考虑允许非家族成员担任李锦记任意业务部门的主席或首席执行官。更多的高管职位将向家族外部的经理人开放。专业及训练有素的管理团队对公司的日常运营活动至关重要，因此，在选拔董事及高层管理人员时，应基于其资历和业绩，而非与家族的关系。李惠森向福布斯的人士透露，"我们还在考虑禁止家族成员干预企业运营的想法"（Lee，2018 年）。对于李锦记家族来说，企业的生存至关重要。

总的来说，李锦记的治理机制与传统上依赖父权的家族治理结构有所不同。它更注重在家族成员之间建立沟通渠道和信任关系。李锦记通过建立正式的治理政策和治理结构来培养后代，也为企业未来的代代传承铺平了道路。

讨论问题

1. 简要描述李锦记在 21 世纪初建立的治理机制。

2. 为什么李文达为李锦记引入了这样一套治理实践？

3. 根据图 12.2 可以看出，李锦记的治理结构有哪些优势和局限性？

4. 家族企业的家族理事会与上市公司的股东大会有什么区别？

5. 李锦记家族章程的主要内容和功能是什么？

6. 李锦记的治理体系有什么缺陷？

7. 李锦记的治理结构及家族章程对其企业传承计划有何影响？

8. 从李锦记案例中学到的主要经验教训是什么？

参考文献

Au, K., Justin B. Craig, J. B., & Ramachandran, K. (2011). *Family enterprise in the Asia Pacific. Exploring transgenerational entrepreneurship in family firms.* Edward Elgar.

Lee, Q. N. (2018). What saved Lee Kum Kee. *Inquirer.net.* https://business.inquirer.net/257663/saved-lee-kum-kee. Accessed 22 Sep 2018.

Simpson, A. (2021). Chinese Hong Kong's richest 2021: 10 billionaires who topped the Forbes list. *Tatler Asia.* https://www.tatlerasia.com/power-purpose/wealth/hongkong-billionaires-2021-forbes. Accessed 24 Feb 2021.

Ward, J. L. (2016). *How to motivate the fifth generation? Balancing engagement and entitlement at Lee Kum Kee.* Northwestern Kellogg School of Management. https://doi.org/10.4135/9781526409294.. Accessed 04 Jan 2017.

第 13 章

云南白药

1933 年，曲焕章在云南昆明创立了曲焕章大药房（即云南白药的前身）。它最初是一个家族企业，在 20 世纪 50 年代成为国有企业。云南白药于 1993 年上市，依照《中华人民共和国公司法》，它成为一家具有独立法人资格的国有企业。然而，云南白药上市后，政府仍然是其最大股东，对其拥有绝对控制权，公司高管的任免由云南省政府决定。董事会并不独立于国家，云南白药的高管享有政府官员和企业家的双重身份，薪酬固定且设有上限。

从 2016 年至 2019 年，云南白药经历了两个阶段的混合所有制改革。向共享所有权的转变引发了公司治理的重大变革，包括在董事会中增加民营代表人数、引入专业管理体系以及建立基于激励的薪酬制度。这些变革为云南白药的业绩持续提升提供了强大的推动力。

13.1 公司发展史

13.1.1 "曲焕章百宝丹"的兴起（1902—1949 年）

云南白药是一种传统的中药配方，最早由中医曲焕章研发。1902 年，曲焕章研制出一种新型的、白色粉末状的中药，对伤口愈合有奇效。这种药物可以直接涂抹在伤口上，也可以加水混合口服。后来，这种药声名远播，曲焕章便将它命名为"曲焕章百宝丹"。1933 年，曲焕章在云南昆明开设一家药店，起名"曲焕章大药房"。

1938 年，当时的中央政府要求曲焕章上交百宝丹配方，曲焕章加以拒绝，在重庆被捕。离开昆明前，曲焕章嘱咐妻子缪兰英不要泄露云南白药的配方。曲焕章被捕后，缪兰英继续经营药店，但假冒的曲焕章百宝丹开始流入市场，药店生意也变得冷清。

13.1.2　计划经济下的云南白药（1949—1978 年）

1949 年，中华人民共和国成立了。曲焕章的妻子缪兰英在 1955 年把配方上交给新中国政府。政府将这种药改名为"云南白药"，将其配方列入国家机密，并由昆明制药厂负责生产。

昆明制药厂是云南省政府主管的国有企业，按照政府规定的配额和价格雇用工人、采购原材料、生产云南白药，并由政府负责供应和分配众多可用商品和服务，如云南白药等产品，可以在有供应的情况下以较低的成本提供给单位诊所或药房。在计划经济下，云南白药散剂凭借长期以来的声誉，依然是广受欢迎和信赖的伤口护理产品。

13.1.3　在深圳证券交易所上市（1993 年）

自 1978 年改革开放以来，社会主义市场经济体制逐步取代了计划经济。随着民营经济的兴起，面对日益激烈的市场竞争，国有企业效率低下的问题日益凸显，改革迫在眉睫。为使国有企业适应市场，提高效率，政府鼓励国有企业上市。

因此，云南省政府成立了云南白药实业股份有限公司（简称"白药公司"），并于 1993 年 12 月在深圳证券交易所上市，股价为每股 3.38 元。三年后，白药公司收购了三家工厂，并更名为云南白药集团股份有限公司（简称"白药集团"）。云南省政府成立云南白药控股有限公司（简称"白药控股"），作为白药集团的母公司。云南白药上市后，云南省政府仍然是集团的最终控制人（见图 13.1）。具体而言，省政府通过母公司（白药控股）间接控制白药集团。1996 年至 2016 年，白药控股和白药集团由云南省人民政府国有资产监督管理委员会（简称"云南省国资委"）主管。

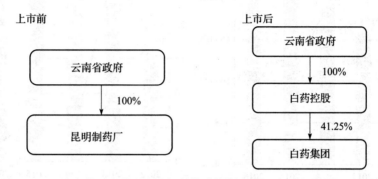

图 13.1 云南白药上市前后所有权结构［资料来源：变更咨询（2020 年）］

上市后，由于管理层仍沿用传统的国有企业模式，行政层级过多，无法对市场变化做出快速响应，白药集团发展困难。在传统国有企业模式下，企业战略的任何变动，都必须先经过白药控股和白药集团的各个行政层批准，再由云南省国资委决定。决策过程耗时很多且效率低下，企业无法适应快速的市场变化。此外，随着现代化建设的发展，西药越来越多地融入医疗实践。例如，20 世纪 90 年代，白药集团最大的竞争对手强生公司将创可贴引入中国。随着竞争的日益激烈，云南白药散剂（占白药控股收入的 50%～60%）的销量从最高峰时的 6,000 万瓶下降到 1999 年的 600 万瓶（Wang 和 Cheng-Han，2020 年）。

根据中国经济金融研究数据库（CSMAR，https://www.gtarsc.com/）汇编的 1993—1999 年数据，尽管白药集团的总资产和净资产在 1993 年之后显著增长，但以资产收益率和净资产收益率作为衡量标准，白药集团的盈利能力在 1993 年之后的五年分别下降了 7.8% 和 3.8%。白药集团在 1999 年的销售额为 2.32 亿元，利润为 3,710 万元，虽然仍然盈利，但危机迫在眉睫。

13.2 混合所有制改革（2016—2019 年）

由于中国医药行业普遍低迷，白药集团持续受到影响，其收入增长率和利润增长率在 2013 年至 2016 年期间呈下降趋势（见图 13.2）。为提高公共部门效率、改善治理方法，白药集团和白药控股在 2016 年至 2019 年期间进行了两个阶段的混合所有制改革。

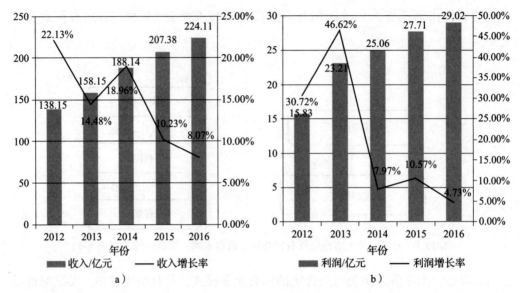

图 13.2　白药集团在混合所有制改革前的收入和利润［资料来源：云南白药年报汇编（2012—2016 年）］

13.2.1　第一阶段的混合所有制改革

第一阶段，引入两家战略投资者［新华都实业集团（简称"新华都"）和鱼跃科技发展有限公司（简称"江苏鱼跃"）］作为白药控股的新股东。新华都预计将帮助云南白药建立市场化的业务模式，而江苏鱼跃将帮助改善公司治理。2016 年 12 月，白药控股首次向福建民营公司新华都发行其 50% 的股份。其结果是，云南省国资委和新华都各持有公司 50% 的所有权，形成了两大股东相互制衡的治理机制（见图 13.3）。然而，这种情况存在潜在问题。如果两大股东在决策过程中意见不一致，由于其所有权比例和表决权相同，决策过程就会陷入停滞。在极端情况下，控股股东可能无法在股东大会上达成一致，从而可能发生冲突。

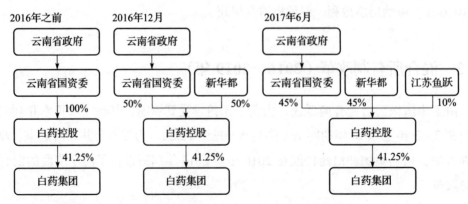

图 13.3　白药集团第一阶段混合所有制改革中的所有权结构变化［资料来源：变更咨询（2020 年）］

为避免这一问题，白药控股引入民营医疗器械制造商江苏鱼跃作为独立战略投资者，与其他两大股东均没有联系。江苏鱼跃于 2017 年 6 月收购白药控股 10% 的股份。结果，云南省国资委和新华都各持有白药控股总股权的 45%（见图 13.3）。

13.2.2　第二阶段的混合所有制改革

改革的第二阶段涉及白药控股与其上市子公司白药集团的合并。云南白药以白药集团（上市公司）和白药控股（母公司）两个法律实体存在，两家公司都从事医药行业。因此，合并可以解决白药集团与白药控股之间的横向竞争问题。此外，通过整合两家公司的行政层、管理团队和公司治理结构，可以简化管理程序，提高决策效率。$^{\ominus}$合并前，云南省国资委和新华都是白药控股的股东。合并后，作为两大股东，云南省国资委和新华都可以参加股东大会，委派代表加入董事会，直接影响公司的运营和决策（见图 13.4）。

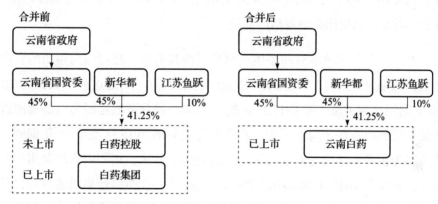

图 13.4　白药集团合并前后的所有权结构 [资料来源：变更咨询（2020 年）]

第二阶段改革方案于 2018 年 11 月公布（见图 13.5）。合并前，新华都减少了控股，以确保和云南省国资委持有相同份额的所有权。事实上，在新华都作为主要战略投资者引入白药集团之前，其创始人兼董事长陈发树已经持有白药集团 4.35% 的股份。如不减少控股，合并后，新华都所持股份将超过云南省国资委，成为白药集团的唯一控股股东。经协商，陈发树同意从白药控股撤出部分资金，因而，白药控股注册资本减少了 2.12 亿元。第二步是将白药控股的全部资产整合至白药集团。通过换股，该合并于 2019 年 7 月成功完成。之后，云南省国资委、新华都和江苏鱼跃分别持有白药集团 25.14%、25.14% 和 5.59% 的股份。2019 年 8 月，白药集团完成

$\ominus$　合并前，白药集团经营战略的任何变动均必须先经由本集团各行政层批准，再经由白药控股批准，最后经由云南省国资委批准。

两个阶段的混合所有制改革。

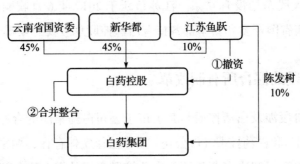

图 13.5　白药集团第二阶段混合所有制改革方案［资料来源：变更咨询（2020 年）］

13.2.3　改革后的股市反应与业绩

白药集团在完成两个阶段的混合所有制改革后，股市的反应较为积极。白药集团的股价从 2019 年 8 月上旬的 71.34 元上涨至 2019 年 11 月下旬的 88.94 元，表明投资者非常看好白药集团在改革后的业绩。

事实上，白药集团改革后的整体业绩确实颇具前景。虽然白药集团的资产收益率和净资产收益率在 2017 年至 2019 年期间有所下滑，但是这两项数据在 2019 年至 2020 年期间出现上涨（见表 13.1）。财务业绩的提升可能是因为白药集团盈利能力的增强和管理成本的下降。首先，在改革完成后的 2018 年至 2020 年期间，集团以净利润率为衡量标准的盈利能力呈现上升趋势。其次，集团以管理费用率为衡量标准的经营成本在 2017 年和 2018 年期间大幅降低，表明白药集团通过与白药控股的合并成功精简了其行政管理层并降低了管理成本。最后，为了推动集团的长期发展，管理团队开始加大对创新和医疗技术的重视程度。因此，白药集团的研发投入在 2017 年之后大幅增加。

表 13.1　白药集团两阶段混合所有制改革前后的业绩指标

业绩指标	2014 年	2015 年	2016 年	2017 年	2018 年	2019 年	2020 年
资产负债表							单位：亿元
总资产	12.1	13.7	17.3	19.2	21.2	40.1	41.4
流动资产	9.5	11.2	14.6	16.5	18.2	35.3	36.4
非流动资产	2.6	2.5	2.7	2.7	3.0	4.8	5.1
总负债	5.7	6.9	10.4	12.2	14.7	15.1	15.3
流动负债	4.7	5.9	8.5	10.3	14.5	13.3	14.3
非流动负债	1.0	1.0	1.9	1.9	0.2	1.8	1.0
总权益	6.3	6.7	6.9	6.9	6.4	24.9	26.1

（续）

业绩指标	2014 年	2015 年	2016 年	2017 年	2018 年	2019 年	2020 年
损益表							单位：亿元
营收	18.8	20.7	22.4	24.3	26.7	29.7	32.7
销货成本	16.1	17.7	19.3	21.1	23.3	26.6	28.4
销售费用	2.4	2.7	2.8	3.6	3.9	4.2	0.4
行政管理费用	0.6	0.5	0.5	0.4	0.3	0.9	0.8
财务费用	0.02	0.01	0.09	0.07	0.20	-0.06	-0.20
净利润	2.5	2.7	2.9	3.1	3.2	4.2	5.5
财务比率							单位：%
ROA	17.9	16.7	14.1	13.3	13.1	9.3	11.8
ROE	22.1	20.3	18.5	17.2	16.5	10.9	14.3
净利润率	13.2	13.2	13.1	12.8	12.3	14.1	16.8
行政管理费率	2.9	2.3	2.1	1.6	1.2	3.2	2.6
研发费率					0.4	0.5	0.5

资料来源：云南白药年报汇编（2014—2020 年）。

13.3 业绩提升驱动因素：公司治理

白药集团改革后业绩出色的部分原因在于公司治理的改进。具体而言，通过混合所有制改革，公司治理在多个方面取得重大改进，包括由国资股东和民营股东共享所有权、增加董事会和监事会中的民营代表、引进监事会制度以及建立激励薪酬制度。

13.3.1 所有制结构优化

与改革前由国资股东一家独大相比，由国有投资者与战略投资者共享所有权是白药集团改革后的主要所有制结构特征。该集团的所有制结构实现多样化，加入了两大主要民营投资者：新华都和江苏鱼跃（见表 13.2）。随着新所有制结构的形成，政府不再是白药集团的唯一控制人。这使得民营投资者在公司决策中拥有更多话语权，并使得政府在一定程度上退出白药集团的日常运营。在新的所有制结构下，新华都和云南省国资委的持股比例相同，因此，针对公司所有事务，国资股东和民营股东在股东大会上享有平等的表决权，包括平等的董事、监事选择权。新华都主要关注集团的超市和百货渠道，同时帮助拓展健康产品的分销渠道。江苏鱼跃不仅拥有雄厚的资本，还在医疗行业具有丰富的经验和强大的影响力。因此，江苏鱼跃的加入有望改善白药集团的治理和运营。新华都和江苏鱼跃给白药集团带来的不仅仅是资金，更有专业经验。而共享所有权结构使战略投资者和云南省国资委在企业决策中拥有同等权力，为白药集团改革后的业绩提升奠定了基础。

表 13.2　白药集团两阶段混合所有制改革前后的所有权变更

改革前		改革后		
政府	其他	政府	民营投资者	员工
41.25%（白药集团） 100%（白药控股）		25.14%	55%	

资料来源：Wang 和 Cheng-Han（2020 年）。

13.3.2　董事会和监事会中的民营代表增加

改革前，董事会和监事会的成员任免由云南省国资委全面负责。而改革后，董事会中的民营股东代表比例有所增加，增强了董事会成员的独立性和监事会的监督作用。2019 年 7 月底，新一届董事会选举完成。为减少政府干预、保障民营战略股东的决策权，董事会成员的任命遵循了一项重要标准：董事不能是现任公务员或现任国企高管。新一届董事会由 11 名成员组成，包括 4 名独立董事和 7 名非独立董事（见图 13.6）。在 7 名非独立董事中，2 人来自新华都、2 人来自云南省国资委、2 人来自高层管理团队、1 人来自合和集团。⊖白药集团管理团队的王明辉和新华都的陈发树分别被任命为董事长和联席董事长，因此，与国资委董事相比，民营战略董事在董事会的表决权略有优势，表明云南省国资委不再拥有董事会的绝对控制权。现在，董事会拥有任命管理团队、评估管理团队业绩以及决定管理团队薪酬的专属权力，而这些工作原本由云南省国资委负责。此外，监事会也进行了重组，任命了由云南省国资委、新华都和白药集团选出的 3 名成员（见表 13.3）。

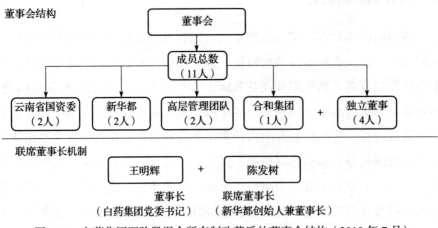

图 13.6　白药集团两阶段混合所有制改革后的董事会结构（2019 年 7 月）
[资料来源：变更咨询（2020 年）]

⊖　如上文所述，经过两个阶段的改革，云南省国资委、新华都和江苏鱼跃分别持有白药集团 25.14%、25.14% 和 5.59% 的股份，成为该集团持股最多的三大股东。合和集团为第四大股东，因此享有非独立董事名额。

表 13.3　白药集团改革后的监事会

序号	姓名	职位	提名者
1	钟杰	监事会主席	云南省国资委
2	陈焱辉	非职工代表	新华都（战略投资者）
3	朱家龙	职工代表	白药集团

资料来源：云南白药（2017 年）。

13.3.3　形成专业管理体系

白药集团的高管在改革前被视为政府官员，改革后则成为职业经理人。具体而言，改革后，集团高管不再隶属于政府部门或具有政府官员和董事会成员的双重身份。此外，在保留原有管理团队的同时，白药集团董事会还从人力资源市场外聘了一位首席执行官（见表 13.4）。为了将集团在中医药方面的专业知识与先进技术相结合，2021 年 3 月 4 日，白药集团任命曾担任华为中国区副总裁的董明为集团首席执行官兼技术负责人。新的管理团队以创新为重点，不断寻求实现爆发式增长的新契机，为白药集团的长远发展铺平道路。

表 13.4　白药集团改革后的管理团队

序号	姓名	职位	履历
1	董明	首席执行官	原华为中国区副总裁
2	尹品耀	首席运营官	原白药集团首席财务官
3	王锦	副总经理	原白药集团商务部经理
4	秦皖民	副总经理	原白药集团总经理助理
5	杨勇	副总经理	江苏鱼跃副总裁
6	吴伟	首席财务官	原白药集团董事会成员

资料来源：云南白药（2021 年）。

13.3.4　建立基于绩效和股权的薪酬制度

白药集团在改革前的薪酬制度无法有效激励管理团队或员工。这一薪酬制度制定于 2002 年，直到 2016 年废除。根据白药集团在 2014 年至 2016 年的年报中发布的公开信息，集团高管的年度薪酬相对固定，2014 年至 2016 年期间的变化不大，在这段时间，集团管理团队约有 20 人，他们的年度薪酬总额约为 790 万元。与其他上市药企相比，白药集团的高管薪酬偏低。例如，上海证券交易所上市药企复星医药的董事长与总经理的年度现金薪酬远高于白药集团董事长与总经理的现金薪酬（见表 13.5）。此外，白药集团在改革前也未向其管理团队和员工提供过基于股权的薪酬。

表 13.5　白药集团和复星医药的高管薪酬

公司	市值 /十亿元	高管	职位	年度现金薪酬 /百万元	年度股权薪酬 /百万股
白药集团	109	王明辉	董事长	0.83	0
白药集团	109	尹品耀	总经理	0.97	0
复星医药	108	陈启宇	董事长	8.90	0.11
复星医药	108	姚方	总经理	6.34	0.78

资料来源：《上海证券报》（2018 年）。

　　改革期间，白药集团董事会针对高管和其他员工实行了基于绩效和股权的全新薪酬制度。首先，除固定薪酬外，员工还会获得公司的短期激励奖金，金额为公司当年净利润的 0.55%。这种基于绩效的薪酬旨在奖励员工的辛勤工作，认可他们对公司的贡献，同时激励他们留在公司。其次，董事会还制定了员工持股计划。2018年，白药集团以 7.6 亿元的总价在二级市场回购了 2,000 万股股票，占其总股本的1.92%。此次回购的所有股份都会作为高级管理团队和员工的股权薪酬。改革期间，高管薪酬大幅提高（见图 13.7）。

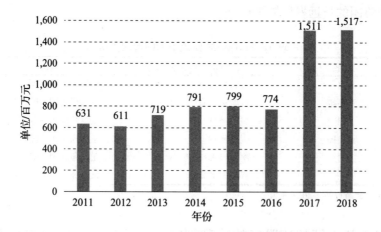

图 13.7　白药集团管理团队薪酬总额［资料来源：云南白药年报汇编（2011—2018 年）］

　　研究报告显示，白药集团的两阶段混合所有制改革所带来的公司治理优化是集团在改革后实现优秀的财务业绩的主要原因之一（中国证券，2018 年）。不过，由于此次改革近期刚刚完成，因此，在 2019 年底，改革对白药集团业绩的真正影响可能尚未显现。

13.4　云南白药的公司治理演变

　　两阶段混合所有制改革对白药集团公司治理的影响始于政府完全控制的时代结束（全民家所有制到混合所有制）。改革前，政府是白药集团的唯一控制人，对公司的业务经营拥有绝对控制权，这导致公司效率低下、业绩较差，主要原因有以下三点：首先，政府可能需要完成与就业、社会福利和资本形成相关的政治目标，这可能会降低国有企业（例如白药集团）的效率。其次，政府既是监管者，也是市场参与者，因此可能倾向在市场竞争中保护国有企业，这导致其效率低于民营企业。第三，政府的唯一控制人身份引发双重代理问题，致使缺乏全面有效的管理监督。⊖这就解释了政府拥有大多数或全部所有权为何无法推行企业负责人和经理激励机制或无法解决传统公司治理情况下的委托与代理问题。因此，所有权变更是白药集团改革的关键要素，因为该集团股权股东的身份影响了其业绩和治理结构，以及面向管理团队的激励机制。

改革后，随着政府在白药集团的所有权大幅下降，国资股东和民营股东实现了控制权共享。近 50% 的国有股份被出售给民营战略投资者，后者也为集团带来了财务资源和（或）专业经验。这些战略投资者在监督白药集团治理情况方面发挥重要作用。这种控制权共享非常重要，因为对于国资股东而言，除利润最大化外，可能还有政治目标，而民营股东的唯一目标就是最大程度为股东创造财富。民营股东的引入使白药集团进一步转型为能够适应竞争并以利润最大化为重点的市场主体。此外，在拥有多个控股股东的公司中，各个股东贡献的不同意见可以防止重大公司决策伤害到少数股东的利益，从而改善公司治理，同时保留控制权的私人利益（Guo，2003 年）。

改革后，白药集团董事会中的民营股东代表比例也有所增加，董事会成员之间开始共享权力。而改革前，董事会成员的任免由云南省国资委全面负责。因此，政治因素很容易影响白药集团的政策和战略，降低董事会的独立性和权威性。改革后，云南省国资委在董事会的代表比例小于简单多数，而民营代表的比例则有所增加，这样既加强了民营股东的决策权，又能保证董事会在一定程度上的独立性。在与人事、绩效考核、薪酬相关的事宜上，董事会将能够行使独立决策权。

此外，白药集团在改革后引入了专业管理体系，并开始从人力资源市场招募高管。集团高管不再是政府官员，而是成为职业经理人。改革前，由于具有政府官员和高管的双重身份，集团高管很少因决策错误而被解雇，这导致他们在管理和运营中缺乏责任感。改革后，公司按照专业管理体系根据公司业绩对职业经理人进行考

⊖ 白药集团的董事会无法进行独立决策，可能通过白药控股受到云南省国资委的间接影响。双层控制机制往往导致决策效率低下。

核，这就要求他们对自己的决策结果负责。简言之，这种新的体系通过加强责任制度提高了管理决策效率。云南白药发展历程中的关键事件如表 13.6 所示。

表 13.6　云南白药：关键事件

时间	描述
1902 年	曲焕章研制出一种新型的、白色粉末状的中药
1927 年	曲焕章将这种白色粉末取名为"曲焕章百宝丹"
1938 年	曲焕章去世。临终前，曲焕章嘱咐妻子不要泄露云南白药的配方
1955 年	曲焕章的妻子将云南白药的配方捐赠给政府，配方随后被列为国家机密。该药物被重新命名为"云南白药"
1957—1978 年	在计划经济下，云南白药按照政府规定的配额和价格生产
1993 年	云南省政府推动"云南白药实业股份有限公司"在深圳证券交易所挂牌上市。云南省政府仍然持有公司 50% 的股份
1999 年	王明辉被任命为白药集团总经理
2016 年	白药控股引入首个战略投资者，即新华都
2017 年	白药控股引入第二个战略投资者，即江苏鱼跃
2018 年	白药控股与其上市子公司白药集团合并
2019 年	白药集团完成两个阶段的混合所有制改革

最后，由于民营企业的管理者可以基于公司的股票或财务业绩获得额外的薪酬，因此，白药集团在改革后也引入了基于绩效的员工薪酬制度，同时增加了员工股份持有制。新的薪酬制度通过管理团队和员工共享所有权来确保股东和经理人利益一致，从而降低代理成本，促进利润最大化。

讨论问题

1. 简述白药集团的所有制改革过程，包括公司化和混合所有制改革过程。

2. 围绕白药集团的公司化和混合所有制改革探讨政府撤资对公司治理的影响。

3. 为什么白药集团在公司化完成后，所有权的多样性仍然有限？

4. 解释白药集团的公司治理结构为什么没有真正的公司治理功能。

5. 你是否同意混合所有制改革后的共享控制权结构改善了白药集团的效率和治理情况？为什么？

6. 在中国资本市场缺少大型机构投资者的情况下，战略投资者能否起到监督作用？

7. 你是否认为白药集团未来会进一步私有化？如果你认为白药集团未来会进一步私有化，原因是什么呢？

参考文献

China Securities. (2018). Yunnan Baiyao: Deepening reform and taking a new path. https://max.book118.com/html/2020/0917/520202330200 2344.shtm. Accessed 2 November 2019.

Change Consulting. (2020). The mixed ownership reform of Yunnan Baiyao. Available at: https://www.sohu.com/a/393942307_100058260

Shanghai Securities News. (2018). Top executives compensation summary. Available at: http://data.cnstock.com/gpsj/ggxc/000538.html

Wang, J., & Cheng-Han, T. (2020). Mixed ownership reform and corporate governance in China's state-owned enterprises. *Vanderbilt Journal of Transnational Law, 53*(3), 1055–1107.

Yunnan Baiyao. (2017). Voluntary disclosure on changes of directors, supervisors and senior management. Available at: http://www.szse.cn/disclosure/listed/bulletinDetail/index.html?23104db5-4f11-40b9-9ebf-655734aa5cf0

Yunnan Baiyao. (2021). Announcement on resolutions of the first meeting of the ninth board of directors in 2021. Available at: http://www.szse.cn/disclosure/listed/bulletinDetail/index.html?8c319db0-3681-4f49-a001-c226a0141ecd

Yunnan Baiyao's Annual Reports. (2011–2020). Available at: http://www.szse.cn/application/search/index.html?keyword=%E4%BA%91%E5%8D%97%E7%99%BD%E8%8D%AF&r=1659919398062

第 14 章

结　论

本书讨论了 21 世纪 10 年代和 20 年代涉及公司治理的各种真实案例，包括出现的问题和成功的实践。并非每个涉及丑闻的案例都导致涉事公司倒闭，但每起丑闻都对相应公司造成了沉重的打击。

阅读本书时，读者可能会发现某些问题反复出现。事实上，自 20 世纪 90 年代曝光多起公司治理重大丑闻或相关丑闻以来，尽管各种公司治理准则相继出台、监管框架有所完善以及对公司治理进行了广泛研究，但是某些公司治理问题仍然在各类企业反复发生。因此，在本总结章节中，明确了本书探讨的真实案例和过去 30 年国际公司实践涉及的共同主题。

14.1　公司治理失败的常见原因

本书第 2～10 章介绍了涉及不同国家和地区以及行业的 9 个涉及公司治理问题的案例，这些问题对涉事公司产生了不利影响。基于这些案例和真实的商业实践，针对公司治理失败的常见原因，我们明确了以下共同主题：

14.1.1　董事长和首席执行官权力过大

当某个组织的董事长和首席执行官权力过大时，往往会出现问题。为防止某个人在公司的权力过大，首席执行官和董事长的职务通常最好由两个人担任，而不是由同一个人担任。这种权力很大的人物可能会在很长的一段时间内伪造账目，而不会引起审计员或公司任何人的怀疑。董事长和首席执行官权力过大的问题也表明，缺乏充分的披露要求会导致控股股东避免披露可能对少数股东产生不利影响的信息。

14.1.2　董事会存在问题

本书探讨的不同案例强调了任命合格人员作为负责企业运营的董事的重要性。董事应具备相关知识和技能，能够了解公司长期战略方向及其财务需求和限制。

2001 年，安然公司的倒闭使政府当局和公众开始关注如何保护检举者。例如，美国出台了《萨班斯－奥克斯利法案》，其中包括对就潜在刑事犯罪（如欺诈或伪造账目行为）提出疑虑的检举者进行保护的具体条款。但是，人们对于检举仍然抱有消极态度，这提醒我们需要改善公司治理的这个方面的问题。

可能造成公司治理失败的另一个相关问题是董事会没有独立董事。独立董事应具备适当的技能和知识，从而为公司的持续成功做出贡献，同时有信心就他们认为不符合公司最佳利益的事项提出质疑。董事会和各类委员会中的独立董事如果能够提出明智且富有见地的问题，可以为公司治理做出重大贡献。

14.1.3　缺乏内部控制

非诚信人员担任能够操纵公司会计数据的职位并提供支持财务造假的不准确文档，会对公司治理造成威胁。本书的几个案例说明了缺乏有效的内部控制与公司治理失败之间存在的关联。建立健全的内部控制和适当的风险管理结构以应对公司可能面临的财务和非财务风险（尤其是与主要高管和审计员串通舞弊相关的风险）极为重要。

14.1.4　不道德行为

本书所讨论的丑闻凸显了主要董事的道德缺失问题。董事应诚信、诚实行事。

存在腐败行为的董事可能会给公司带来财务损失和声誉损害。董事必须遵守道德规范，不会为了美化公司业绩而参与会计违规行为。相比简单地实施公司治理准则，灌输道德文化和鼓励检举更为重要。

14.2　关于所有权和控制权的三个特殊案例

本书第 11 ～ 13 章研究了关于所有权和控制权的三个特殊案例。这三个案例介绍了独特的所有制结构，每一种都促进了案例公司的成功发展。阿里巴巴采用有效且高效的合伙人制度，其特点是由少数大股东掌握控制权。李锦记的案例展示了家族继承计划的重要性，这对于家族企业的可持续发展至关重要。云南白药的案例展示了不同所有制结构的优缺点，以及其所有制结构如何演变以应对社会、经济变化和制度挑战，从而实现生存和发展。

这三个案例研究都指出了大股东在公司各个层面发挥主导作用的所有制结构存在的一些弱点。这种所有制结构对各类董事会委员会的组成会产生间接的影响（人数较少的独立董事的意见往往会被忽略），也会导致信息披露不及时。

14.3　结束语

与公司治理机制有效性和效率相关的治理问题在全球各地层出不穷。本书所探讨的近期案例证实，公司治理没有通用法则，而良好的公司治理能够有效、高效地维持企业发展和增长。也就是说，公司治理应该为人服务。在制定新的公司治理准则来管理公司时，也应对此铭记于心。因此，一家公司能否实现可持续发展在很大程度上取决于它是否愿意并且能够考虑多方利益相关者的利益，而不是仅仅考虑公司高管的利益。换言之，公司能够持续为客户、股东、员工和社会创造价值对于实现良好的公司治理至关重要。

索 引

缩写词释义

APRA	澳大利亚审慎监管局		ERM	企业风险管理
ASG	汽车系统集团		ESG	环境、社会和公司治理
ASIC	澳大利亚证券和投资委员会		FCA	金融行为监管局
B2B	企业对企业		FLDC	家族学习和发展中心
B2C	企业对消费者		FRC	财务报告委员会
BDO	BDO Unibank Inc.		FSB	金融稳定委员会
BPI	菲律宾群岛银行		GLT	集团领导团队
BSP	Bulleh Shah Packaging		GMV	商品交易总额
C2C	消费者对消费者		HHI	赫芬达尔 – 赫希曼指数
CAM	关键审计事项		HKEX	香港交易所
CARB	加利福尼亚空气资源局		ICA	保险合同法
CBA	澳大利亚联邦银行		ICCT	国际清洁交通委员会
CDP	全球环境信息研究中心		ICGN	国际公司治理网络
CEBS	欧洲银行业监管委员会		IPO	首次公开募股
CEO	首席执行官		KPI	关键绩效指标
CFO	首席财务官		LKK	李锦记
CFPB	消费者金融保护局		LTI	长期激励
CIO	信贷和投资监察专员		NED	非执行董事
CMA	竞争与市场管理局		NYSE	纽约证券交易所
COO	首席运营官		OCC	货币监理署
CSR	企业社会责任		ODM	原始设计制造商
CSRC	中国证券监督管理委员会		OECD	经济合作与发展组织
DJSI	道琼斯可持续发展指数		PCAOB	上市公司会计监督委员会
DPA	暂缓起诉协议		PCS	个人和客户解决方案
EDR	外部争议解决		PE	私募股权
EPA	美国环境保护局		PRA	审慎监管局
EPS	每股收益		R&D	研究与开发

RMB	人民币	SOE	国有企业
ROA	资产收益率	STI	短期激励
ROE	净资产收益率	TDF	科技发展基金
SEC	证券交易委员会	TSR	股东总回报
SFO	严重欺诈办公室	TTIP	台湾东芝国际采购股份有限公司
SKU	库存单位	UN	联合国
SLA	标准人寿安本	VC	风险投资
SME	中小型企业		